TRAÇÃO

Gabriel Weinberg
e Justin Mares

TRAÇÃO

DOMINE OS 19 CANAIS QUE UMA STARTUP USA PARA ATINGIR AUMENTO EXPONENCIAL EM SUA BASE DE CLIENTES

ALTA BOOKS
EDITORA
Rio de Janeiro, 2020

Tração – Domine os 19 canais que uma startup usa para atingir aumento exponencial em sua base de clientes
Copyright © 2020 da Starlin Alta Editora e Consultoria Eireli. ISBN: 978-85-508-1409-4

Translated from original Traction. Copyright 2015 © by Gabriel Weinberg and Justin Mares. ISBN 9781591848363. This translation is published and sold by permission of Portfolio, an imprint of Penguim Publishing Group the owner of all rights to publish and sell the same. PORTUGUESE language edition published by Starlin Alta Editora e Consultoria Eireli, Copyright © 2020 by Starlin Alta Editora e Consultoria Eireli.

Todos os direitos estão reservados e protegidos por Lei. Nenhuma parte deste livro, sem autorização prévia por escrito da editora, poderá ser reproduzida ou transmitida. A violação dos Direitos Autorais é crime estabelecido na Lei nº 9.610/98 e com punição de acordo com o artigo 184 do Código Penal.

A editora não se responsabiliza pelo conteúdo da obra, formulada exclusivamente pelo(s) autor(es).

Marcas Registradas: Todos os termos mencionados e reconhecidos como Marca Registrada e/ou Comercial são de responsabilidade de seus proprietários. A editora informa não estar associada a nenhum produto e/ou fornecedor apresentado no livro.

Publique seu livro com a Alta Books. Para mais informações envie um e-mail para autoria@altabooks.com.br

Obra disponível para venda corporativa e/ou personalizada. Para mais informações, fale com projetos@altabooks.com.br

---

Publisher: Lindsay Viola

Tradução: Ada Félix

Preparo de Texto e Revisão Técnica: Marcelo Amaral de Moraes

Revisão: Trivium Editorial e Marcia Menin

Diagramação: Carlos Borges Jr.

Capa: Biancheria Design | Debs Bianchi e Light Criação

Produção Editorial: HSM Editora – CNPJ: 01.619.385/0001-32

Erratas e arquivos de apoio: No site da editora relatamos, com a devida correção, qualquer erro encontrado em nossos livros, bem como disponibilizamos arquivos de apoio se aplicáveis à obra em questão.

Acesse o site www.altabooks.com.br e procure pelo título do livro desejado para ter acesso às erratas, aos arquivos de apoio e/ou a outros conteúdos aplicáveis à obra.

Suporte Técnico: A obra é comercializada na forma em que está, sem direito a suporte técnico ou orientação pessoal/exclusiva ao leitor.

A editora não se responsabiliza pela manutenção, atualização e idioma dos sites referidos pelos autores nesta obra.

CIP-BRASIL. CATALOGAÇÃO-NA-FONTE
SINDICATO NACIONAL DOS EDITORES DE LIVROS, RJ

Weinberg, Gabriel
Tração: domine os 19 canais que uma startup usa para atingir aumento exponencial em sua base de clientes / Gabriel Weinberg e Justin Mares; tradução de Ada Félix. – Rio de Janeiro: Alta Books, 2020.
256 p.

Bibliografia
ISBN: 978-85-508-1409-4
Título original: Traction

1. Empresas novas. 2. Marketing – Administração. 3. Sucesso nos negócios I. Título 11. Mares, Justin III. Félix, Ada

18-0180   CDD 658.4092
Índices para catálogo sistemático:
1. Empresas novas

Rua Viúva Cláudio, 291 – Bairro Industrial do Jacaré
CEP: 20.970-031 – Rio de Janeiro (RJ)
Tels.: (21) 3278-8069 / 3278-8419
www.altabooks.com.br — altabooks@altabooks.com.br
www.facebook.com/altabooks — www.instagram.com/altabooks

Para Andy Scott, a milagrosa fonte de romance e estabilidade de minha vida. Para nossos filhos, Battle e Margaret, que nos dão doses diárias de alegria insana e inspiração sã. Para nossos pais, que nos ensinaram tudo. E para nossos irmãos, que nos ajudaram a encontrar um ao outro.

PREFÁCIO ESPECIAL PARA A EDIÇÃO BRASILEIRA

Por diversas vezes fiquei noites em claro, pensando em qual novo canal de aquisição ia explorar para chegar às metas de crescimento da minha empresa. Independentemente da sua eficiência e da sua maturidade em geração de tráfego, a certa altura seus canais batem na estagnação, tornando muito difícil sustentar o crescimento, e você vai precisar achar um caminho. Nesse momento me foi apresentado *Tração,* que não poderia ter vindo em melhor hora.

Para quem vive a dinâmica de uma empresa de tecnologia investida sabe como a jornada é árdua. Altas metas de crescimento, pouco tempo para estruturar processos e a necessidade constante de provar para os investidores que estamos na direção certa. Nesse cenário, abrir e otimizar os canais de aquisição é a principal responsabilidade de quem fica à frente de um time de marketing.

Apesar de o assunto marketing digital fazer parte da minha vida há mais de dez anos, até a leitura do livro eu não dispunha de um processo sistematizado para encontrar canais de aquisição eficientes e não conhecia uma forma de validar sua eficiência. Muitas empresas de tecnologia focam pouco essa exploração e a validação de seus canais e, consequentemente, colhem grande insucesso quando o assunto é retorno sobre o investimento em marketing.

Um dos pontos que mais chamaram minha atenção na obra foi a infinidade de canais que eu simplesmente desconhecia. Como o assunto inbound marketing ficou muito popular nos últimos anos, tornou-se comum para as empresas de tecnologia basear 100% da sua estratégia na produção de conteúdo, acreditando que ela resolverá todos os seus desafios de geração de leads e vendas.

Muitas startups e empresas de tecnologia gastam verdadeiras fortunas sem antes entender quais são os canais corretos para seu negócio, ou então aventuram-se em oceanos vermelhos saturados de concorrentes, onde fica muito difícil se destacar. Como consequência, vemos dinheiro de investidores sendo torrado, histórias de insucesso de empresas que possuem produtos fantásticos, mas que não souberam achar um caminho de crescimento sustentável.

Esta obra deixa claro que tração é sinônimo de achar um caminho onde a empresa será capaz de adquirir novos clientes de maneira escalável e previsível. O livro mostra que tração é medida por um indicador cujo objetivo é ajudar a empresa a dimensionar e escalar.

Nele você vai conhecer as dezenas de canais e estratégias que podem ser adotadas para acelerar o crescimento, o "como fazer" para estruturar seu crescimento e, o mais importante, sem dúvida alguma, como priorizar os canais.

Outro ponto interessante esclarecido pelos autores é quando a empresa começa a ter um crescimento mais consistente, em geral ligado à descoberta de um primeiro canal. Esse canal, então, se satura, o crescimento se reduz e chega a hora de encontrar novos canais.

Lendo essa parte, lembrei-me de quantas vezes passei por esse desespero! Porém Gabriel e Justin propõem um método simples e eficaz para a descoberta de novos canais: o modelo Bullseye. Percebi tanto com minhas empresas quanto com meus alunos do Bootcamp que, em vários momentos do ciclo de vida de uma organização, existem diversos canais que precisam ser explorados. E o Bullseye auxilia o empreendedor a encontrar o canal certo no momento certo para uma empresa.

Não existe atalho ou fórmula secreta para o sucesso. Os autores deixam bem claro que, para conseguir efetivamente gerar tração, é necessário testar e otimizar diferentes possíveis canais. E o Bullseye é uma excelente ferramenta para ajudar empreendedores a identificar os canais mais eficientes e adequados ao seu tipo de negócio e à sua capacidade de investimento.

Por diversas vezes meu time e eu gastamos muita energia testando e descobrindo o que realmente funcionava para nosso negócio, e com frequência a melhor estratégia não era óbvia e levava mais tempo do que tínhamos imaginado para se provar.

O real valor de ter metas de tração claras fica muito evidente no decorrer da leitura deste livro. Todos os esforços devem estar alinhados à sua meta de tração; logo, sem dúvida alguma, é fundamental escolher a meta correta. Por exemplo, uma empresa que persegue novos usuários terá um resultado bem diferente de uma que tem como foco adquirir novos usuários pagantes. Nesse cenário, não é o orçamento que define quem ganhará a guerra da tração, e sim o uso do investimento de modo mais inteligente.

Para quem quer montar sua máquina de crescimento e gerar retorno positivo sobre seu investimento em marketing, é fundamental entender bem os conceitos apresentados aqui, validando hipóteses, para posteriormente explorar o canal. Qualquer ação feita de outra maneira aumenta muito a chance de levar a empresa para a extinção.

Uma startup de sucesso é aquela que possui um bom produto e um posicionamento diferenciado, achou o canal certo para seu momento de crescimento e, por isso, colhe um crescimento diferente da média. Acredito que, se você já resolveu os dois primeiros itens, esta obra vai ajudá-lo justamente a fechar a última ponta da equação.

Se o crescimento é prioridade dentro da sua empresa, *Tração* vai lhe servir de bússola, guiando-o na direção certa para explorar possibilidades, validar hipóteses e contribuir para a construção da máquina de geração de tráfego.

Para finalizar, defendo que este livro é leitura obrigatória para quem deseja entender os canais de marketing e ter uma metodologia de ataque, essencial para conquistar tração em uma startup.

Atualmente não consigo pensar em outra maneira de validar uma estratégia de crescimento que não seja usando a lógica do modelo Bullseye, que ajuda a priorizar quais canais devem ser escolhidos para o crescimento de uma organização. Entenda mais sobre esse tema e descubra qual é a melhor combinação para sua empresa. Desejo uma excelente leitura para você!

Thiago Reis
Fundador da Growth Machine e
consultor de estratégias de crescimento

PREFÁCIO

Em 2006, vendi por milhões de dólares uma empresa que tinha criado com um sócio anos antes. Era uma empresa estranha por muitas razões, incluindo o fato de que não teve um funcionário sequer do começo ao fim. Eu escrevia todo o código e cuidava sozinho da contabilidade e do suporte ao cliente.

Pelos termos da transação, nem meu cofundador nem eu tínhamos de trabalhar para a empresa que comprou a nossa. Estávamos livres para fazer outra coisa — e foi o que fizemos. Meses depois, deixei com minha mulher o apartamentinho em que vivíamos nas redondezas de Boston e mudamos para uma casa de campo a 40km da Filadélfia. Tinha acabado de fazer 27 anos.

Quando minha mulher saía para trabalhar, eu, pela primeira vez na vida, ficava em casa fazendo nada. Não conhecíamos ninguém em um raio de 160km.

Naturalmente, em pouco tempo eu já estava de novo fuçando no computador, tocando uma dezena de projetos simultaneamente. Um ano e meio depois, uma luzinha acendeu na minha cabeça. Percebi duas coisas no Google que me irritavam: muito spam (um monte de sites com nada além de anúncios) e pouca resposta imediata (tinha de ficar entrando na Wikipédia, no IMDb). Pensei comigo mesmo que, se eu achasse um jeito fácil de separar o spam das respostas, poderia criar um buscador mais interessante.

Esses dois problemas eram bem mais difíceis de resolver do que havia imaginado. No entanto, como estava gostando do desafio, segui em frente. Todo mundo com quem falei sobre o projeto do buscador achava que eu tinha endoidado. "O quê? Você quer competir com o Google? Por quê? Como?" Um ano depois, em setembro de 2008, apertei a tecla "Enter" e apresentei meu mecanismo de busca ao público.

Foi bem anticlimático o lançamento do DuckDuckGo — se é que se pode chamar aquilo de lançamento. Postei o aplicativo em um site de tecnologia, o *Hacker News*. E só. O título do post era: "O que vocês acham do meu novo buscador?"

Como muito empreendedor por aí, estava animado, pois achava que a coisa tinha tudo para bombar. Havia chegado naquele ponto em que precisava de validação. Não preciso de muito para sobreviver, mas precisava de algo.

E consegui.

Verdade seja dita, àquela altura o produto ainda não era uma maravilha, e todo mundo fez questão de me dizer isso. Que mais esperar? Era um fórum na internet, afinal. Mesmo assim, senti que havia interesse legítimo por um novo buscador, pois muita gente estava inquieta com o rumo que o Google tomava. Aquelas primeiras conversas me levaram, por exemplo, a estudar o tema da privacidade e, no final, a criar "o buscador que não rastreia seus passos". E isso anos antes de o público em geral começar a se preocupar com a bisbilhotice de governos e empresas na internet.

Seja como for, a reação naquele fórum me motivou o suficiente para seguir em frente. Isso me trouxe à tração. Precisava de um pouco.

Para aumentar a probabilidade de sucesso de uma startup, a melhor maneira é ganhar tração. Ganhar tração é sinal de que algo está funcionando. Se você cobra pelo produto, significa que os clientes estão comprando. Se o produto é grátis, significa que a base de usuários está crescendo.

Tração é algo poderoso. Com ela, é mais fácil lidar com riscos técnicos, riscos de mercado, riscos da equipe. Conseguir dinheiro, contratar, aparecer na mídia, fazer parcerias e aquisições — tudo isso fica muito mais fácil com tração.

Em outras palavras, *tração supera tudo.*

Para crescer, minha última startup usou dois canais de tração: primeiro, SEO (aparecer entre os primeiros resultados de pesquisas em buscadores para termos relevantes) e, mais tarde, marketing viral (quando um cliente traz outros, como ao indicar o produto a amigos e familiares).

O marketing viral não funciona muito bem com buscas, pois não é fácil incorporá-lo ao produto (seria preciso interpor alguma coisa entre quem faz a pesquisa e os resultados). Decidi, então, provar a otimização para buscadores, o SEO. Era muito difícil ranquear o termo em inglês "search engine" (e seu plural, "search engines"), pois os principais mecanismos de busca estavam aí havia uma década e essa longa história significava que dezenas de milhares de links apontavam para eles. Já as palavras-chave "new search engine" ("novo buscador") estavam mais ao meu alcance.

Foram meses de labuta para ranquear bem esse termo. O segredo do sucesso no SEO é conseguir links. Como veremos no capítulo dedicado a esse canal, é preciso ter uma estratégia para conseguir esses links de maneira escalável.

Ser mencionado em blogs ou aparecer na mídia é uma estratégia comum para conseguir links no SEO. No meu caso, no entanto, atingi muito rápido um ponto de saturação nesse canal e não cheguei ao topo com ela. Precisava ser mais criativo.

Depois de muito brainstorming e de vários testes, tive uma boa ideia. Criei um widget de popularidade (ou "karma") que dava o link dos perfis do usuário em redes sociais e mostrava quantos seguidores ele tinha em cada uma. Esse pequeno recurso seria incorporado a um site e, no pé dele, viria um link para o DuckDuckGo com a chamada "novo buscador".

Essa estratégia de canal foi uma beleza. Cheguei à primeira posição.

O problema era que não havia muitas pessoas fazendo aquela busca; eram umas 50 por dia. Até ganhei um pouco de tração e consegui um fluxo constante de novos usuários, mas a coisa logo perdeu fôlego. A tração não era suficiente para mudar a situação. Não moveu o ponteiro para meu projeto.

Aqui, cometi dois grandes erros. O primeiro foi não ter uma meta de tração concreta. Hoje sei que, para fazer o ponteiro avançar rumo a meus objetivos de tração lá atrás, eu precisaria de algo como 5 mil novos usuários por dia, não 50, e não era com o SEO que eu chegaria lá.

Minha segunda pisada foi me pautar pela experiência anterior.

O fato de que minha última startup tinha ganhado tração com aquilo não significava que a coisa funcionaria para toda e qualquer empresa.

São erros muito naturais, e a maioria das startups cai neles.

Aliás, a trajetória mais comum de uma startup atualmente segue este roteiro:

O empreendedor tem uma ideia e fica todo empolgado para abrir uma empresa.

A euforia inicial dá lugar à luta para criar um produto, que, depois de muito esforço, sai do forno.

Lançamento!

O empreendedor esperava ver filas de clientes se formando. Infelizmente, não é o que acontece. Ganhar tração, algo que nem passara por sua cabeça, agora é seu único foco. O empreendedor faz o que sabe ou o que ouviu dizer que os outros fazem: um punhado de anúncios no Facebook, um pouco de divulgação em meios locais e, talvez, posts em blogs aqui e ali.

Então o dinheiro acaba e a empresa morre.

Infelizmente, essa é a norma. E mais triste ainda é que o produto poderia, sim, ser algo bacana. Ou seja, com a estratégia de tração certa, a startup poderia realmente conseguir tração e triunfar.

Como minha startup anterior tinha dado certo, achei que sabia o que estava fazendo. Ledo engano. Por sorte, errar não foi fatal. Eu tinha dinheiro para bancar o projeto do próprio bolso, então meus erros de tração não foram o fim para o DuckDuckGo. Só que nem todo mundo tem essa sorte.

Quando vi que estava cometendo esses erros, percebi também que não sabia qual o jeito certo de ganhar tração. Saí perguntando se alguém sabia. Descobri que não havia um bom framework para ganhar tração. Era 2009 e foi lá que a ideia deste livro nasceu.

Naquela época, tinha começado a atuar como investidor-anjo e a prestar uma assessoria mais séria a outras startups. Vi, em primeira mão, dificuldades e erros similares. Foi ali, também, que fiz uma parceria com Justin Mares, meu coautor. Justin criou duas startups (uma delas adquirida) e foi o responsável pelo crescimento da Exceptional Cloud Services, comprada pela Rackspace em 2013 por milhões. Ou seja, ele é um especialista em crescimento.

Nossa intenção era ajudar startups a ganhar tração, independentemente da atividade a que se dedicassem: de empresas de internet a pequenos negócios locais ou qualquer outra coisa. Buscamos lições em nossa própria experiência, entrevistamos mais de 40 empreendedores, estudamos muitas outras empresas e chegamos ao modelo replicável que garantira o sucesso de todas.

Esse framework é o Bullseye, um processo simples, em três etapas, para a empresa ganhar tração. Bullseye funciona para tudo quanto é startup: grande, pequena, voltada para o consumidor, focada em empresas.

Desde o modesto começo do DuckDuckGo, crescemos cinco ordens de grandeza (em saltos de 10x). As 100 buscas por dia iniciais hoje viraram mais de 10.000.000. A cada etapa — de 100 a 1.000, de 10.000 a 100.000, de 1.000.000 a 10.000.000 — foi preciso descobrir de novo como conseguir tração. Isso porque, conforme veremos, o que produz resultados em uma fase do crescimento pode deixar de surtir efeito a certa altura.

Por sorte, tínhamos o Bullseye para nos ajudar a achar a estratégia de canal de tração certa na hora certa. Depois do erro com o SEO, migramos para marketing de conteúdo, social ads, display ads, publicidade e, mais recentemente, desenvolvimento de negócios. Vez após vez, acertamos o alvo em cheio. Você também pode acertar.

SUMÁRIO

CAPÍTULO 1: Canais de Tração — 1

CAPÍTULO 2: O Mindset da Tração — 9

CAPÍTULO 3: O Modelo Bullseye — 21

CAPÍTULO 4: Testes de Tração — 29

CAPÍTULO 5: Critical Path ou Caminho Crítico — 37

CAPÍTULO 6: Blogs Especializados — 45

CAPÍTULO 7: Publicidade — 53

CAPÍTULO 8: Relações Públicas Não Convencionais — 63

CAPÍTULO 9: Search Engine Marketing (SEM) ou Marketing em Buscadores — 71

CAPÍTULO 10: Social Ads e Display Ads — 81

CAPÍTULO 11: Anúncios Offline — 91

CAPÍTULO 12: Search Engine Optimization (SEO) ou Otimização para Buscadores — 103

CAPÍTULO 13: Marketing de Conteúdo — 113

CAPÍTULO 14: E-mail Marketing — 121

CAPÍTULO 15: Marketing Viral — 131

CAPÍTULO 16: Engenharia como Marketing — 143

CAPÍTULO 17: Business Development (BD)
ou Desenvolvimento de Negócios … 153

CAPÍTULO 18: Vendas … 163

CAPÍTULO 19: Programas de Afiliados … 175

CAPÍTULO 20: Plataformas Existentes … 183

CAPÍTULO 21: Feiras de Negócios … 193

CAPÍTULO 22: Eventos Offline … 201

CAPÍTULO 23: Palestras … 209

CAPÍTULO 24: Criação de Comunidades … 217

AGRADECIMENTOS … 225

APÊNDICE: Testes no Círculo do Meio … 229

ÍNDICE … 235

CAPÍTULO UM

CANAIS DE TRAÇÃO

Antes de começar, vamos definir o que é tração. Tração é um sinal de que sua empresa está decolando, e sua principal métrica deixa isso bem evidente. Se seu negócio for um aplicativo de celular, o número de vezes em que é baixado tem subido depressa. Se for um serviço por assinatura, a receita mensal vem disparando. Se for uma padaria orgânica, o número de transações está aumentando semanalmente. E por aí vai.

Naval Ravikant, fundador da AngelList, plataforma digital que conecta empresas com investidores, resume bem a questão:

> Tração é, basicamente, a evidência quantitativa de demanda. Se seu produto for um software empresarial, dois ou três clientes que já pagam podem constituir [a tração inicial], mas, se for um software para um público mais amplo, ter tração pode significar centenas de milhares de usuários.

É sempre possível ter mais tração. O objetivo de uma startup, afinal, é crescer depressa. Conseguir tração significa mover a curva de crescimento para o alto e para a direita, o máximo possível. Paul Graham, fundador da aceleradora de startups Y Combinator, diz:

Uma startup é uma empresa projetada para crescer rápido. Não basta ter pouco tempo de vida, trabalhar com tecnologia, ser bancada por capital de risco ou ter uma estratégia de "saída" para ser uma startup. A única coisa essencial é crescimento. Tudo o mais que associamos com startups é decorrente do crescimento.

Tração é crescimento, e é a busca de tração que define uma startup. Depois de entrevistar mais de 40 fundadores de empresas e de estudar diversos outros casos, descobrimos que há 19 canais para uma startup conseguir tração, e muitas das melhores testaram vários deles antes de encontrar um que desse resultado.

Esses canais de aquisição de clientes são o que chamamos de *canais de tração*. Trata-se de canais de marketing e distribuição nos quais a startup pode conseguir mais clientes, ou seja, ganhar tração.

Nossa pesquisa rendeu duas grandes constatações. A primeira é que, em geral, os empreendedores só pensam em usar canais de tração que já conhecem ou que acham que deveriam usar por causa da natureza do produto ou da empresa que criaram. Isso significa que muitas startups utilizam os mesmíssimos canais e ignoram outros meios promissores para ganhar tração — quando, na verdade, os canais menos usados de um setor costumam ser os mais promissores.

A segunda descoberta é que é difícil prever que canal de tração surtirá mais efeito. Até dá para tentar prever, mas, antes de começar a fazer testes, não é fácil dizer que canal é o melhor, hoje, para sua startup.

A parte introdutória deste livro, que vai dos capítulos 2 a 5, trata dessa questão. No Capítulo 2, falamos da noção de tração: o mindset que você precisa adotar para maximizar suas chances de ganhar tração. No 3, damos nossa fórmula para conseguir tração, um modelo que chamamos de Bullseye — consiste, basicamente, em fazer testes em um punhado de canais até fechar o foco no mais promissor de todos. No Capítulo 4, explicamos como realizar testes de tração, um aspecto crucial do Bullseye. No 5, apresentamos outro modelo — o Critical Path

— para ajudar o empreendedor a se concentrar na meta certa para ganhar tração e ignorar tudo o que não for imprescindível para atingi-la.

Descreveremos cada um dos 19 canais de tração separadamente, nos capítulos 6 a 24. Antes disso, no entanto, faremos uma breve apresentação de cada canal e do pessoal que entrevistamos para falar sobre eles.

Ao conferir a lista de canais, evite um juízo precipitado sobre a (ir)relevância de cada um para seu caso. Todos eles já deram resultado para alguma startup, em algum momento. Como dissemos, o canal certo pode ser algo que poucos estão usando. Se conseguir que um canal desprezado por outros funcione para você, sua empresa pode crescer depressa e deixar as concorrentes comendo poeira.

Blogs Especializados

Para pegar embalo, startups conhecidas, como as norte-americanas Codecademy, Mint e Reddit focaram blogs especializados. Noah Kagan, ex-diretor de marketing da Mint, contou como usou essa tática logo no início, o que garantiu que a empresa tivesse 40 mil clientes antes mesmo de ser oficialmente lançada.

Publicidade

Publicidade, aqui, significa fazer a marca aparecer em meios tradicionais de comunicação, como jornais, revistas e TV. Conversamos com Jason Kincaid, que foi colaborador do *TechCrunch*, sobre como fazer pitch para veículos de imprensa, como estabelecer uma relação com jornalistas e quais os erros mais comuns de startups na hora de divulgar a marca. Também falamos com Ryan Holiday, estrategista de mídia e autor do livro *Acredite, estou mentindo,* para saber como startups devem agir, no atual cenário movediço da mídia, para conseguir tração.

Relações Públicas Não Convencionais

Uma jogada não convencional de relações públicas (RP) implica fazer algo fora de série para atrair a atenção da mídia. Ir muito além do esperado para satisfazer seus clientes também é uma tática desse canal.

O empreendedor Alexis Ohanian contou o que fez para que o Reddit e o Hipmunk, duas startups que ajudou a fundar, virassem assunto no mercado.

Search Engine Marketing (SEM) ou Marketing em Buscadores

Marketing em buscadores (SEM) significa pagar para anunciar sua marca ao público que faz buscas no Google ou em outros buscadores. Entrevistamos Matthew Monahan, um dos criadores e CEO da Inflection — a empresa por trás do Archives.com (antes de ser comprado por US$100 milhões pelo Ancestry.com —, para saber como o Archives apostou pesado nesse canal para crescer.

Social Ads e Display Ads

Publicar anúncios no Reddit, no YouTube, no Facebook, no Twitter e em centenas de outros sites de nicho populares pode ser um meio eficaz e escalável de chegar a mais pessoas. Nikhil Sethi, fundador da plataforma de compra de publicidade social Adaptly, explicou como ganhar tração com essas duas modalidades de publicidade.

Anúncios Offline

Essa categoria inclui comerciais de TV e de rádio, outdoors, informes publicitários, anúncios em jornais e revistas, folhetos e outros tipos de publicidade veiculada localmente. É uma propaganda que atinge um público menos presente no meio digital — gente com mais idade e menos domínio de tecnologia. Poucas startups usam esse canal, o que significa que há menos concorrência por esse público. Conversamos com Jason Cohen, fundador da WP Engine e da Smart Bear Software, sobre a publicidade offline que ele usou para adquirir clientes.

Search Engine Optimization (SEO) ou Otimização para Buscadores

O Search Engine Optimization (SEO) garante que seu site apareça nos resultados de buscadores quando alguém faz uma pesquisa. Entrevistamos Rand Fishkin, criador da Moz (líder do mercado de software de SEO), para conhecer as melhores práticas para ganhar tração com esse canal. Patrick McKenzie, fundador da Appointment Reminder, também revelou como usou o SEO para conseguir um tráfego altamente relevante sem gastar muito.

Marketig de Conteúdo

Muitas startups têm blog. A maioria, no entanto, não sabe usar essa ferramenta para ganhar tração. Rick Perreault, fundador do Unbounce, e Sam Yagan, cofundador do OkCupid, falaram sobre o efeito transformador que seus blogs tiveram em suas empresas.

E-mail Marketing

O e-mail marketing é uma das melhores maneiras de converter prospects e de manter e monetizar os clientes atuais. Entrevistamos Colin Nederkoorn, fundador da startup de e-mail marketing Customer.io, para saber como extrair o máximo desse canal de tração.

Engenharia como Marketing

Usar recursos de engenharia para adquirir clientes e ganhar tração ainda é um canal muito mal-aproveitado, embora várias empresas já tenham criado microsites, widgets e ferramentas gratuitas capazes de gerar milhares de leads por mês. Pedimos a Dharmesh Shah, fundador da HubSpot, que contasse como esse canal ajudou sua empresa a conquistar milhares de clientes com ferramentas como o Marketing Grader.

Marketing Viral

Marketing viral significa aumentar sua base de usuários incentivando quem já é cliente a recomendar a empresa para mais pessoas. Andrew Chen, especialista na área e mentor da 500 Startups, descreveu as melhores técnicas virais e os fatores que contribuíram para a viralização de startups famosas. Já Ashish Kundra, da myZamana, contou como o marketing viral fez a base de usuários de sua empresa crescer de 100 mil indivíduos para mais de 4 milhões em menos de um ano.

Business Development (BD) ou Desenvolvimento de Negócios

Desenvolvimento de negócios (BD) é a criação de relacionamentos estratégicos que sejam bons tanto para a empresa como para seus parceiros. Paul English, cofundador e CEO do site Kayak.com, falou sobre o impacto da parceria de sua empresa com a AOL logo no começo. Também entrevistamos o investidor Chris Fralic, cuja campanha de **BD** na Half.com foi um fator importante para a aquisição da startup pelo eBay por mais de US$300 milhões. Vamos mostrar como estruturar acordos, encontrar e abordar potenciais parceiros estratégicos e criar um pipeline de desenvolvimento de negócios.

Vendas

Nessa área, a grande meta é desenvolver processos que levem o cliente a pagar pelo produto. David Skok, da Matrix Partners — empreendedor que já conduziu quatro empresas ao **IPO** —, contou como as melhores empresas do setor de software estão criando processos de vendas sustentáveis e escaláveis. Mostramos, ainda, como conquistar os primeiros clientes e como montar um discurso de vendas eficaz.

Programas de Afiliados

Empresas como HostGator, GoDaddy e Sprout Social conquistaram milhares de clientes sem gastar fortunas graças a ótimos programas de afiliados. Entrevistamos Kristopher Jones, fundador da rede de afiliados Pepperjam, para saber como uma startup pode utilizar esse canal. Já Maneesh Sethi explicou como um afiliado decide que produtos promover e discorreu sobre algumas das táticas usadas nesse processo.

Plataformas Existentes

Apostar em plataformas existentes significa concentrar iniciativas de crescimento em uma megaplataforma como o Facebook, o Twitter ou a App Store e convencer uma parcela de seus milhões de usuários a usar seu produto. Alex Pachikov, que foi da equipe que criou o Evernote, revelou como a startup conseguiu milhões de clientes graças ao foco na loja de aplicativos da Apple.

Feiras de Negócios

Feiras de negócios, ou trade shows, são uma bela oportunidade para a empresa exibir suas últimas novidades. Brian Riley, da startup SureStop (que inventou um freio de bicicleta inovador), contou como sua empresa fez uma parceria que gerou vendas de mais de 20 mil unidades durante uma feira e qual sua abordagem para ganhar tração nesse tipo de evento.

Eventos Offline

Patrocinar ou organizar eventos offline — de pequenos encontros a grandes conferências — pode ser uma boa maneira de conseguir tração. Falamos com Rob Walling, fundador e organizador da MicroConf, para saber como planejar um evento espetacular.

Palestras

Eric Ries, autor do best-seller *A startup enxuta,* descreveu como usou palestras para promover seu livro e fazer com que entrasse na lista de mais vendidos uma semana depois do lançamento. Também entrevistamos Dan Martell, fundador da Clarity, que explicou como aproveitar bem esse tipo de oportunidade, como fazer uma palestra memorável e como garantir que sua startup se destaque nessas ocasiões.

Criação de Comunidades

Para crescer, empresas como Wikipédia e Stack Exchange criaram uma comunidade fervorosa de entusiastas. Jeff Atwood, da Stack Exchange, contou durante a entrevista como foi criar a comunidade Stack Overflow, que montou o maior banco de perguntas e respostas sobre programação já criado.

Depois dessa leitura, você vai entender como cada um dos 19 canais pode gerar tração para sua empresa. Além disso, terá o modelo para decidir em qual deles se concentrar e o que fazer depois de tomar essa decisão.

CAPÍTULO DOIS

O MINDSET DA TRAÇÃO

Quanto tempo gastar para ganhar tração? Quando começar?

Como saber se está surtindo efeito? De quanta tração você precisa para conseguir investidores? Este capítulo traz respostas a essas e a outras dúvidas gerais sobre a tração e apresenta o mindset que garantirá seu sucesso.

Regra dos 50%

Se está criando uma empresa, é porque você tem um produto. No entanto, mesmo tendo um produto, sua startup não vai sair do lugar se não tiver um número suficiente de clientes.

Marc Andreessen, um dos fundadores da Netscape e da empresa de capital de risco Andreessen Horowitz, resume bem esse velho dilema:

> A principal razão para não investirmos em um empreendedor é ele pensar apenas no produto — e nada mais. Muitos empreendedores criam um produto espetacular, mas simplesmente não têm uma boa estratégia de distribuição. Pior ainda é quando insistem em dizer que não precisam tê-la ou quando chamam [sua] ausência de estratégia de distribuição de "estratégia de marketing viral".

É bastante comum vermos o seguinte: um empreendedor cria algo que os outros querem, passa um tempo fazendo ajustes com base no feedback da primeira leva de clientes e, quando acha que chegou a hora, entra no mercado com tudo — e acaba frustrado quando a esperada demanda não se materializa.

Ter um produto ou serviço que os primeiros clientes adoram, mas não dispor de uma estratégia clara para ganhar mais tração, é um problema sério. A solução é desenvolver o produto ou serviço e testar canais de tração *paralelamente*.

Criar o produto e ganhar tração têm igual importância e, portanto, sua atenção deve ser igualmente dividida entre as duas ações. É isso que chamamos de regra dos 50%: dedicar metade de seu tempo a desenvolver o produto e a outra metade a ganhar tração.

Para conseguir tração, é preciso criar algo que o mercado queira. Só que isso não basta. Há quatro situações muito comuns nas quais, ainda que haja público para o produto ou serviço, o negócio pode não ser viável.

Na primeira delas, até há interesse por aquilo que você criou, mas o modelo de negócio não é viável. A conta simplesmente não fecha, ou porque ninguém quer pagar por aquilo, ou porque o negócio não se sustenta com a venda de publicidade. Ou seja, não existe mercado.

Na segunda situação, ainda que você tenha criado algo que o público quer, a quantidade de clientes não é suficiente para obter lucro. O mercado é pequeno demais e não há um jeito óbvio de ampliá-lo. Em geral, isso acontece quando a startup não é ambiciosa e se limita a um nicho muito estreito.

O terceiro problema é quando o custo de alcançar o público que deseja aquilo que você criou é proibitivo — quando é difícil chegar ao mercado potencial. Um exemplo é um produto relativamente barato que, para ser vendido, exige uma força de vendas direta. É uma combinação que simplesmente não funciona.

CAPÍTULO DOIS

Por último, imagine criar algo que todo mundo quer, mas que várias outras empresas também criaram. Nesse caso, você está em um mercado hipercompetitivo, no qual é dificílimo conseguir clientes.

Seguir a regra dos 50% desde o início o ajudará a evitar esses erros. Do contrário, o risco é que você só perceba que cometeu um deles tarde demais. Infelizmente, é o que acontece com muitas empresas com pouco tempo de vida. E o triste é que, ainda que o produto ou serviço seja bom e útil, a empresa acaba morrendo por falta de uma boa estratégia de distribuição.

De outro lado, quem pensa na tração desde o começo consegue descobrir depressa se está ou não no caminho certo. Os resultados de testes para ganhar tração ajudam o empreendedor a evitar essas ciladas e a descobrir o canal de tração capaz de produzir o crescimento mais relevante.

Seguir a regra dos 50% é difícil porque a tentação de se dedicar em tempo integral ao produto é forte. Afinal, você provavelmente abriu uma startup porque quis criar um produto ou serviço específico — porque tinha uma visão. Muitas atividades para ganhar tração estão fora de sua zona de conforto e não têm a ver com aquela visão inicial, daí a tendência natural a evitá-las. Não caia nesse erro.

É verdade que dividir o tempo igualmente entre produto e tração pode retardar o desenvolvimento do produto. No entanto, isso não quer dizer que o produto vai demorar mais para chegar ao mercado. Ao contrário, vai chegar antes! Tocar paralelamente o desenvolvimento do produto e a campanha por tração pode trazer grandes benefícios.

O primeiro deles é ajudar o empreendedor a criar o produto *certo*, computando toda a informação gerada por iniciativas para ganhar tração. Se você vem seguindo um bom processo de desenvolvimento do produto, já está tendo um bom feedback dos primeiros clientes. O único problema é que esses clientes costumam ser próximos demais e, em geral, só dizem o que você quer ouvir.

Já na campanha para ganhar tração, há um fluxo constante de clientes sem laços com a empresa. É com eles que você vai realmente descobrir se o mercado está gostando ou não do produto e, se não está, que recursos estão faltando ou que parte da experiência não está funcionando.

Esse investimento inicial para ganhar tração pode ser comparado a despejar água em um balde furado. No começo, vai se perder muita água, pois o produto ainda não representa uma solução completa para as necessidades e os problemas dos clientes, ou seja, ainda não é tão "sticky" como poderia ser e não vai despertar tanto interesse. O resultado é que grande parte do dinheiro que você está despejando na tração vai acabar saindo pelos buracos do balde.

E é exatamente aqui que a maioria dos empreendedores erra.

Por quê? Por achar que dinheiro que sai pelos furos é dinheiro jogado fora. Não é. A função desse processo é mostrar onde estão os verdadeiros furos no balde (produto). Sem essa interação com clientes que não têm elo algum com a empresa, você acaba perdendo tempo com as coisas erradas no desenvolvimento do produto.

Além disso, essa interação vai render outras informações, como a mensagem que está repercutindo entre potenciais clientes, em que nicho você deveria apostar primeiro, que tipo de cliente será mais fácil de adquirir e quais os maiores obstáculos de distribuição que poderia encontrar.

Se o processo de desenvolvimento do produto for bom, você vai conseguir, pelo menos, algumas dessas informações, e elas devem mudar para melhor a primeira versão do produto e embasar a estratégia de distribuição.

Foi o que aconteceu com o Dropbox. Ainda na fase de desenvolvimento, a empresa testou o marketing pago em buscadores e descobriu que, no seu caso, não funcionava. Era preciso gastar US$230 para adquirir um cliente para um produto que custava US$99. Foi aí que fecharam o foco no canal de tração do marketing viral e criaram um programa de indicação integrado ao produto — programa que passou a ser seu maior motor de crescimento.

Quando a empresa espera o produto ser lançado para só depois iniciar a campanha e ganhar tração, em geral são necessários um ou mais ciclos adicionais de desenvolvimento do produto, para computar o feedback real do mercado. É por isso que trabalhar para ganhar tração em paralelo com o desenvolvimento do produto pode até atrasar o desenvolvimento no curto prazo, mas produz o efeito inverso no longo prazo.

A segunda vantagem do desenvolvimento paralelo do produto e da tração é poder testar diferentes canais de tração antes do lançamento. Isso significa que, quando o produto estiver pronto, será possível crescer rapidamente. Saber de antemão que canal de tração vai dar resultados para seu negócio tem um valor inestimável. Phil Fernandez, fundador e CEO da Marketo, empresa de automação de marketing que abriu o capital em 2013, fala sobre essa vantagem:

> Na Marketo, usamos não só o SEO [Search Engine Optimization] antes do desenvolvimento do produto, mas também um blog. Falávamos sobre os problemas que estávamos tentando resolver (...). Em vez de testar a versão beta de um produto, testamos uma ideia e computamos o feedback recebido de nossos leitores lá no início, no processo de desenvolvimento do produto.
>
> Ao usar essa estratégia de conteúdo na Marketo, começamos a despertar interesse por nossas soluções com tanta antecedência que, quando o produto chegou ao mercado, já tínhamos um pipeline com mais de 14 mil leads.

A Marketo não teria conseguido esses 14 mil leads se tivesse se dedicado exclusivamente ao desenvolvimento do produto. Essa é a diferença entre um crescimento considerável do público logo de cara — tração de verdade — e um mero produto que algumas pessoas querem.

Deslocando o ponteiro

Antes de sair tentando ganhar tração, você tem de definir o que significa tração para sua empresa e estabelecer uma meta de tração. Logo no começo, essa meta é, em geral, conseguir tração suficiente para atrair investimentos ou sair do vermelho. Seja como for, é necessário descobrir o que essa meta significa em números concretos: de quantos clientes você precisa e a que taxa de crescimento?

O objetivo da estratégia de tração deve ser, sempre, deslocar o ponteiro no sentido da meta de tração. Isso quer dizer que é preciso fechar o foco em iniciativas de marketing que produzam um impacto mensurável e importante na meta de tração — coisas que contribuam para a meta de aquisição de usuários de modo significativo e não algo que, ainda que funcione, tenha impacto menor.

Por exemplo, no início, o DuckDuckGo apostou em táticas de SEO para chegar às pessoas interessadas em um "novo buscador" na internet. Essa aposta ajudou a empresa a conseguir usuários, porém não em número suficiente para bater a meta de tração, ou seja, não fez o ponteiro se mexer.

Quando o assunto é ganhar tração, o trabalho em um produto ou serviço deve ocorrer em três fases:

Fase I: criar algo que as pessoas querem.

Fase II: lançar algo que as pessoas querem.

Fase III: escalar o negócio.

Na analogia com o balde furado, a fase I é quando o balde (o produto) está cheio de furos e simplesmente não retém a água. Não há por que intensificar o esforço nessa fase, mas ainda assim é importante despejar um pequeno volume de água no balde para descobrir onde estão os furos e tapá-los.

Com o teste constante de canais de tração com um fluxo contínuo de novos clientes, é possível descobrir se o produto está perdendo menos "água" ao longo do tempo, o que deve ocorrer se a estratégia de desenvolvimento do produto for boa. Aliás, esse loop de feedback entre o desenvolvimento da tração e o do produto é excelente e pode ser usado para garantir que a empresa esteja no caminho certo.

Melhorar o produto significa, na prática, tapar buracos. Ao passar para a fase II, você conseguiu o chamado "product market fit" e está retendo os clientes. É hora, então, de escalar para ganhar tração: o balde não tem mais furos. Esse é o momento de ajustar o posicionamento e as mensagens de marketing.

Na fase III, você tem um modelo de negócio estabelecido e uma posição relevante no mercado, e seu foco é escalar ambos para conseguir um domínio ainda maior do mercado e ter lucro.

Em cada fase o foco será diferente, já que mover o ponteiro terá um significado distinto à medida que o negócio crescer. Na fase I, o foco é ganhar tração com a primeira leva de clientes que experimentam o produto. Na fase II, é conseguir um número de clientes suficiente para se aproximar da sustentabilidade. Na fase III, é melhorar os resultados, escalando os canais de marketing e criando um negócio verdadeiramente sustentável.

A fase I é bem voltada para o produto. Nela, além de tentar ganhar uma tração inicial, a empresa também está criando a versão inicial do produto. Em geral, isso significa buscar tração com iniciativas que não escalam: ministrar palestras, publicar conteúdo em sites, mandar e-mails para pessoas de seu círculo de relações, participar de congressos e fazer tudo o que for preciso para que o público saiba de sua existência.

No texto "Do things that don't scale" [Faça coisas que não escalam, em tradução livre], Paul Graham afirma:

> Muitos candidatos a empreendedor acham que uma startup decola, ou não, por si só. Você cria algo, torna-o disponível e, se desenvolveu uma boa ratoeira, as pessoas vão fazer fila na sua porta, como esperado. Se não aparecerem, é porque não existe mercado.

A verdade, no entanto, é que uma startup decola porque o empreendedor faz com que decole (...). A coisa mais comum e menos escalável que o empreendedor precisa fazer logo no começo é recrutar usuários manualmente. Quase toda startup precisa. Não dá para esperar que os usuários venham até você. É preciso buscá-los.

Em startups, o crescimento vem em espasmos. No início, costuma ser lento. Quando a empresa descobre e explora um canal com boa tração, o crescimento dá um salto. Depois de um tempo, perde força, pois a estratégia fica saturada e a eficácia diminui. Mas aí você explora outro canal e dá outro salto.

À medida que a empresa cresce, estratégias de tração menores param de deslocar o ponteiro. Se seu site recebe milhares de visitantes todo dia, uma publicação em um blog que traga 20 visitantes para sua página não vai ajudar muito.

Mover o ponteiro em estágios avançados requer números cada vez maiores. Se quiser conseguir mais 100 mil clientes e sua taxa de conversão for de 1% a 5%, você vai precisar de uma campanha de marketing direcionada que atinja de 2 milhões a 10 milhões de pessoas. E uma cifra estratosférica! Daí o tremendo poder de canais de tração como criação de comunidades e marketing viral, pois escalam com o tamanho da base de usuários e o mercado potencial. Entretanto, é preciso estar sempre avaliando se suas iniciativas para ganhar tração estão ou não contribuindo — deslocando o ponteiro — para sua meta de tração.

Quanta tração os investidores exigem?

Quando um empreendedor quer que uma startup cresça depressa, tende a sair buscando investidores. Nem toda empresa começa a planejar um IPO assim que nasce, mas, se for essa a intenção, é preciso atrair gente de fora que invista nela e saber quanta tração é necessária, exatamente, para despertar o interesse desses investidores. Naval Ravikant, criador da AngelList, deu uma boa resposta a essa questão tempos atrás:

A meta não é estática. O ecossistema todo vai ficando muito mais eficiente. Empresas estão fazendo muito mais com muito menos.

Há dois anos [novembro de 2010], uma startup de compras coletivas [daily deals] conseguia capital pré-tração; há um ano e meio, não conseguia capital por mais tração que tivesse. Há um ano, uma startup de aplicativos móveis conseguia capital com 10 mil downloads; hoje, provavelmente vai precisar de centenas de milhares de downloads e uma taxa de adoção muito rápida para conseguir investimento de verdade.

A definição de tração vai mudando à medida que a concorrência aumenta. É por isso que é útil olhar para a AngelList e para empresas que acabaram de levantar dinheiro; isso vai dar uma ideia de qual é o critério naquele determinado momento.

Na hora de buscar investidores, procure primeiro as pessoas que entendam a fundo o que você está fazendo (ou porque já trabalharam na área, ou porque já investiram em algo parecido antes).

Quanto mais seu potencial investidor entender o que você está fazendo, menos tração ele vai exigir antes de investir, pois é mais provável que acredite que a pequena tração que você já tem possa virar algo grande. Já o investidor com pouca experiência concreta em sua área pode achar difícil extrapolar essas cifras e talvez exija mais tração de imediato antes de investir. Amigos e gente da família são um caso à parte: em geral, não exigem tração alguma antes de investir, porque estão investindo em você pessoalmente.

É fácil desanimar nessa busca por dinheiro, pois vai ouvir muitos "nãos" pelo caminho. É importante, no entanto, não encarar uma rejeição como a rejeição de sua ideia. Um investidor pode dizer "não" por razões simplesmente fora de seu controle (metas de investimento, timing, expertise etc.).

Quando a adoção do produto cresce a um ritmo sustentável (ou seja, quando o número de clientes só aumenta), é difícil para um investidor ignorar. Isso vale ainda que, em números absolutos, o público seja relativamente pequeno. Se você tiver apenas 100 clientes, mas esse total tiver crescido 10% ao mês por seis meses, os investidores vão gostar. Quando o crescimento é sustentável, a startup parece uma boa aposta no longo prazo. Na hora de buscar investimento, nunca esqueça que *a tração pesa mais que tudo*.

Pivotar ou não pivotar?

E se você chegar a um ponto no qual a tração não engata? Um ponto no qual não consegue levantar capital ou a coisa toda simplesmente não parece pegar embalo como deveria? Como saber quando pivotar?

A nosso ver, muitas startups desistem cedo demais. O sucesso de grande parte delas depende da aposta em um mercado bom na hora certa. Vejamos o caso do DuckDuckGo, o buscador que Gabriel criou. Outras startups da área desistiram depois de dois anos; a de Gabriel já está aí há dez.

No caso do DuckDuckGo, um diferencial básico desde 2009 é a privacidade (o buscador não rastreia seus passos), muito embora a questão só tenha ganhado mais importância em 2013, com os vazamentos da NSA [agência de segurança dos Estados Unidos]. Até então, o crescimento era estável, mas explodiu quando a privacidade se tornou um tema importante no mundo todo.

É preciso entender o que esse horizonte de tempo significa. Digamos que você esteja começando: está disposto a continuar trabalhando nisso por *mais uma década*? Muitos empreendedores sentem que definiram a ideia da empresa depressa demais e que teriam escolhido algo que os motivasse mais se tivessem percebido que a coisa ia durar tanto. Uma startup pode ser algo maravilhoso se você acreditar na ideia; do contrário, pode rapidamente cansar.

Se estiver pensando em pivotar, a primeira coisa a fazer é tentar comprovar se há interesse de verdade por seu produto, ainda que apenas de um punhado de clientes fiéis. Caso haja, talvez você esteja desistindo cedo demais. Veja se não é possível aumentar a base de clientes. Por que esses clientes fiéis gostaram tanto do produto? Há algo em comum entre eles? São early adopters (adotantes iniciais) em um mercado imenso ou só um ponto fora da curva? A resposta a essas perguntas pode revelar alguma promessa que não está aparecendo em suas principais métricas.

Outro fator a considerar antes de pivotar é que o empreendedor muitas vezes é um visionário. É comum, portanto, que o mercado ainda não esteja pronto para sua ideia — mais uma razão para que você escolha um negócio no qual esteja disposto a apostar por muitos anos. É claro que há uma grande diferença entre estar à frente do mercado há um ou dois anos e há uma década. Quase ninguém consegue esperar dez anos com resultados pífios. Em contrapartida, estar um ou dois anos adiantado pode ser excelente, pois é possível usar esse tempo para aprimorar e ajustar o produto. Quando o mercado finalmente decolar, você estará em vantagem em relação a quem estiver chegando naquele momento.

Como saber se sua ideia está só um pouco adiantada em relação ao mercado e se vale a pena insistir nela? De novo, a melhor maneira de descobrir é buscar indícios de interesse pelo produto. Se o descompasso não for muito grande, já deve haver clientes de primeira hora prestigiando-o.

Metas

- **Use metade de seu tempo para ganhar tração.** Dedique um tempo igual à busca de tração e ao desenvolvimento do produto e leve as duas atividades em paralelo. Seu produto é como um balde cheio de furos, e o esforço inicial para ganhar tração vai mostrar quais deles vale a pena tapar.

- **Defina suas metas de crescimento.** Concentre-se em táticas que façam o ponteiro se mexer para sua empresa. Trabalhe por objetivos bem concretos.

- **Descubra os indicadores de crescimento que investidores potenciais respeitam.** Embora a tração exigida por investidores varie muito, uma taxa sustentável de crescimento da base de clientes é difícil de ignorar. Um investidor potencial que entenda seu negócio saberá dar valor a sua tração e, portanto, logo investirá. Tração supera tudo.

- **Busque indícios de sucesso.** Se não estiver vendo a tração que deseja, vasculhe a base de clientes para encontrar aqueles que já demonstram um genuíno interesse pelo produto. Veja se é possível descobrir por que o produto funciona para eles e se dá para crescer a partir dessa base. Se não houver indícios de sucesso, pode ser hora de pivotar.

CAPÍTULO TRÊS

O MODELO BULLSEYE

Com 19 canais de tração a considerar, é duro saber qual deles focar. Pensando nisso, criamos um modelo bem simples, o Bullseye, para ajudar o empreendedor a descobrir que canal vai gerar tração. O bilionário Peter Thiel, criador do PayPal e um dos primeiros investidores do Facebook, resume bem a questão:

> Dificilmente haverá muitas estratégias de distribuição igualmente boas. Os engenheiros costumam cair nessa porque não entendem de distribuição. Como não sabem o que funciona e não têm consciência disso, saem tentando de tudo um pouco: vendas, BD [Business Development], publicidade, marketing viral.
>
> É uma péssima ideia, pois é bem provável que um canal seja o melhor de todos. E olha que a maioria das empresas não consegue fazer nenhum canal de distribuição funcionar. A principal causa de fracasso está na má distribuição, e não no produto. Se você conseguir fazer um único canal de distribuição funcionar, o negócio avança. Se tentar vários e nenhum deles emplacar, já era. Portanto, é melhor pensar bem em como encontrar o melhor canal de distribuição.

Batizamos nosso modelo de três etapas de Bullseye — o centro do alvo — porque é ali que está o canal de tração que vai desencadear a próxima fase de crescimento da empresa.

Círculo externo: o que é possível

O primeiro passo do modelo Bullseye é criar uma lista de todos os canais de tração possíveis. Se decidir fazer anúncios offline, qual o melhor veículo? Se for ministrar palestras, qual a plateia ideal? Para cada um desses canais, imagine o que significaria ser bem-sucedido. Anote tudo no círculo externo.

Todo mundo parte com alguma ideia pronta, preconcebida. A finalidade do círculo externo é ajudar o empreendedor a derrubar sistematicamente suas ideias prévias sobre cada canal de tração. Nessa fase, é importante não descartar nenhum canal e pensar em, pelo menos, uma ideia para cada um. Um equívoco bastante comum nessa etapa é não fazer um brainstorming longo e profundo o suficiente para produzir ideias úteis para cada canal.

É preciso encontrar uma boa estratégia que tenha o poder de deslocar o ponteiro de tração de cada canal. Social ads (publicidade em mídias sociais), por exemplo, é um canal de tração. Fazer anúncios em canais específicos como o Reddit, o Twitter ou o Facebook já é uma estratégia de canal dentro de social ads. A meta é usar o brainstorming para chegar à melhor estratégia imaginável para cada um dos 19 canais de tração.

Este livro pode ajudar nos preparativos para o brainstorming, mas é só um começo: para cada caso, é preciso fazer uma pesquisa bem específica. Busque saber que estratégias de marketing já deram certo em seu setor e como foi a trajetória de empresas na área. É particularmente importante descobrir como empresas similares conseguiram adquirir clientes ao longo do tempo e, no caso das que não foram para a frente, como a verba de marketing foi jogada fora.

Círculo do meio: o que é provável

O segundo passo no modelo Bullseye é fazer testes com pouco investimento para tentar ganhar tração nos canais mais promissores. Promova as melhores ideias incluídas no círculo externo para o círculo do meio.

O círculo externo costuma ter um punhado de ideias bastante promissoras, que geram verdadeiro entusiasmo. Em geral, isso ocorre até o terceiro canal. A partir dali, a empolgação cai, o que significa que o restante das ideias não merece entrar no círculo do meio.

O ideal é ter mais de um canal no círculo do meio, para não perder muito tempo testando um canal de cada vez. É possível testar vários canais paralelamente, pois cada teste leva um tempo para ser executado depois de projetado. O número de testes em paralelo deve ser baixo, para evitar dispersão e erros.

Agora é hora de criar o teste para cada canal de tração selecionado para o círculo do meio e descobrir se a ideia é boa de verdade. O teste deve trazer respostas razoáveis às seguintes perguntas:

1. Quanto custa adquirir um cliente por esse canal?
2. Quantos clientes posso conseguir com esse canal?
3. Os clientes trazidos por esse canal são os clientes certos para essa etapa?

Já que nenhuma empresa é igual à outra, não há uma fórmula universal para testar todo e qualquer canal de tração. No próximo capítulo, falaremos de táticas para planejar e avaliar esses testes. O restante do livro também trará ideias específicas para testes em cada canal de tração.

Nessa etapa, muitos empreendedores cometem o erro de investir demais em marketing prematuramente. Tenha em mente que a ideia desses testes não é conseguir um monte de tração com um canal — não ainda. O objetivo é simplesmente tentar descobrir se o canal em questão *pode* fazer o ponteiro de tração avançar. A essa altura, o que vale é ter agilidade: conseguir dados o mais rápido possível e provar sua tese.

Realize testes em pequena escala que não exijam nem muito investimento nem muito esforço. Faça 4 anúncios no Facebook em vez de 40, por exemplo. A ideia é ter uma noção da eficácia do canal gastando no máximo US$1.000 durante um mês. No entanto, em geral, um teste custa menos que isso e não leva tanto tempo.

O Modelo Bullseye

Círculo interno: o que dá certo

O terceiro e último passo do modelo Bullseye é trabalhar exclusivamente o principal canal, aquele que vai provocar o maior avanço no ponteiro de tração de sua startup.

Se tudo correu bem, um dos canais de tração testados na fase anterior deu resultados promissores. Nesse caso, todos os esforços e recursos para ganhar tração devem ser dirigidos para esse canal. Significa que você acertou o alvo e achou seu principal canal.

Em cada fase da vida de uma startup, um canal de tração costuma se destacar na aquisição de clientes. É por isso que sugerimos que o empreendedor se concentre em um de cada vez, mas só depois de ter encontrado o canal que pareça realmente o mais adequado.

Nessa etapa, o objetivo é bem simples: ganhar o máximo possível de tração com esse canal, o que vai exigir testes sistemáticos para saber exatamente como otimizar o crescimento nele. À medida que for se estabelecendo no canal, você vai descobrir novas táticas e deve fazer de tudo para escalá-las até que deixem de ser eficazes por causa da saturação ou dos custos.

O erro mais comum do empreendedor nessa fase é perder o foco com iniciativas de marketing em outros canais. Por exemplo, você fez testes para ganhar tração em três canais: marketing em buscadores (SEM), feiras de negócios e publicidade. Como o SEM se mostrou o mais promissor, ele passa a ser o principal canal e foco, mesmo que os testes com feiras e publicidade tenham dado bons resultados em menor grau.

A tendência natural seria fazer mais feiras e publicidade, pois você sabe que terá algum resultado. Isso, porém, é um erro. Já que o SEM deu resultados muito melhores, todo o seu esforço deve ir para esse canal. Descobrir estratégias e táticas adicionais para o canal mais bem-sucedido vai trazer mais resultados do que usar canais secundários, que só desviarão seu foco.

A situação fica ainda mais confusa porque, volta e meia, o foco no principal canal envolve estratégias que utilizam outros canais de tração. Um canal ainda é o dominante, mas outros contribuem para ele.

Por exemplo, se o foco for a otimização para buscadores (SEO), será preciso gerar links para seu site, e uma boa tática para isso é fazer publicidade (outro canal de tração). No caso do marketing viral, o uso de e-mail marketing ou de plataformas como o Facebook (outros dois canais de tração) é, geralmente, crucial. Em ambas as situações, no entanto, um canal é dominante, no sentido de que é sua principal estratégia para ganhar tração. Você não está apostando em várias estratégias de tração ao mesmo tempo, e sim usando esses outros canais apenas para apoiar a principal estratégia.

Na infeliz hipótese de nenhum canal parecer promissor depois dos testes, repita o processo desde o início. O bom é que, agora, os testes já realizados geraram dados que o ajudarão a compreender o que está agradando ou não aos clientes. Você tem de avaliar a mensagem utilizada e analisar a fundo os dados coletados para entender em que ponto cada canal foi ineficaz na captação de clientes. Se repetir esse processo sistematicamente e nenhum dos canais de tração testados se mostrar promissor, é bem possível que o produto ainda precise de alguns ajustes — seu balde ainda tem muitos furos.

Por que usar o modelo Bullseye?

O Bullseye é uma forma simples e direta de focar o esforço para ganhar tração e, com isso, maximizar os resultados. Basicamente, o modelo obriga o empreendedor a encarar todo canal de tração com mais seriedade e revela, de maneira sistemática, estratégias para ganhar tração que não teriam sido descobertas por outros meios.

Quando analisamos empresas que estão tendo sucesso e conseguindo tração, elas, em geral, usaram canais e estratégias subutilizados por outras organizações. Se todo mundo em um setor usa publicidade em redes sociais para crescer, pode ser melhor investir em outro canal, mesmo que a publicidade nas redes seja o que você domina. Permita que o modelo Bullseye o ajude a sair da zona de conforto e teste os canais menos usuais, porque aí pode estar a alavanca para seu crescimento.

Outra função do Bullseye é levar o empreendedor a focar as melhores ideias de modo mais rápido e econômico, mas sem perder de vista outras oportunidades. É impossível prever *qual* canal de tração trará mais resultados — e, aqui, tempo é dinheiro. Por isso nos concentramos em rodadas sucessivas de testes paralelos e rápidos. É simples e funciona.

Noah Kagan contou como usou uma versão do Bullseye na Mint, um aplicativo de finanças pessoais, comprado pela Intuit por US$170 milhões. Sua meta inicial de tração era chegar a 100 mil clientes nos primeiros seis meses.

Noah e a equipe da Mint fizeram um brainstorming, e surgiram vários canais de tração que, a princípio, pareciam promissores (blogs, publicidade, SEM). Em seguida, realizaram uma série de testes de baixo investimento em cada um deles (criaram uma pequena newsletter; contataram alguns experts em finanças pessoais, como a norte-americana Suze Orman; fizeram alguns anúncios no Google) para ver o que dava mais resultados. Noah usou a planilha a seguir para avaliar os resultados dos testes.

Fonte	Tráfego	CTR (%)*	Taxa de conversão (%)	Total de usuários	Status	Confirmado	Usuários confirmados
TechCrunch	300.000	10	25	7.500	Amigo	Sim	7.500
Dave McClure	30.000	10	25	750	Amigo	Sim	750
Mashable	500.000	10	25	12.500	Enviei e-mail	Não	0
Reddit	25.000	100	25	6.250	Coordenado	Sim	6.250
Digg	100.000	100	25	25.000	Coordenado	Sim	25.000
Google orgânico	5.000	100	15	750	Recebendo	Sim	750
GoogleAds	1.000.000	3	35	10.500	Comprado	Sim	10.500
Paul Stamatiou	50.000	5	50	1.250	Amigo	Sim	1.250
Patrocínios na área de finanças pessoais	200.000	40	65	52.000	Coordenado	Sim	52.000
Okdork.com	3.000	10	75	225	Eu mesmo	Sim	225
Total de usuários				116.725			104.225

• CTR: sigla em inglês para click-through rate, que é a taxa de cliques em determinado link, ou seja, o número de pessoas que clicaram em um link em relação ao total das que o visualizaram.

Depois de fazer esses testes, a Mint focou o canal que parecia mais promissor e capaz de fazer avançar o ponteiro no sentido da meta de tração: a divulgação em blogs especializados. No início, duas estratégias — patrocinar blogueiros conhecidos da área financeira e postar conteúdo em sites de terceiros — lhe renderam os primeiros 40 mil clientes.

Quando esse canal se esgotou, a empresa repetiu o processo do Bullseye e encontrou outro grande canal para ganhar mais tração: publicidade. Seis meses depois de lançado, o aplicativo já possuía 1 milhão de usuários.

Em conversas com empreendedores bem-sucedidos, ouvimos muitas histórias parecidas com essa. O empreendedor avaliava os diversos canais, testava alguns em paralelo e investia no mais promissor até que o canal se esgotasse. O Bullseye foi feito justamente para sistematizar esse processo.

Comparação com o modelo Lean Startup

Há muitas metodologias boas para o desenvolvimento de produtos, mas nenhuma trata expressamente da questão da tração. Uma delas é a famosa Lean Startup. Nesse modelo, o empreendedor traça hipóteses testáveis sobre seu produto e, em seguida, tenta comprovar (ou refutar) cada uma das hipóteses. É uma abordagem que exige bastante interação com clientes para descobrir quais são suas necessidades e entender de que recursos precisam.

O Bullseye trabalha de maneira complementar ao Lean e outros modelos de desenvolvimento de produtos — ele está para a tração assim como o Lean está para o desenvolvimento de produtos.

O maior equívoco que uma startup pode cometer ao tentar ganhar tração é não investir nessa atividade paralelamente ao desenvolvimento do produto. Muitos empreendedores acreditam que basta desenvolver um produto espetacular para que o público faça fila para comprá-lo. É uma falácia acreditar que o melhor a fazer é aperfeiçoar o produto continuamente — em outras palavras, que é só criar algo bom para o cliente aparecer. Essa ideia está *errada*.

É bem maior a probabilidade de que você crie uma boa estratégia de canais com uma boa metodologia para ganhar tração (como o modelo Bullseye), da mesma forma que é bem maior a probabilidade de que você crie um bom produto com uma boa metodologia de desenvolvimento de produtos (como a Lean). Ambas ajudam a empresa que está no início a enfrentar os principais riscos dessa fase: o do mercado (se é possível chegar até o cliente de maneira sustentável) e o do produto (se o cliente vai querer o produto que você criou).

Desenvolver a tração e o produto em paralelo aumenta suas chances de sucesso. Desse modo, você cria um produto que pode ganhar tração e consegue isso muito mais rápido.

Metas

- **Trabalhe com o modelo Bullseye.** Aumente as chances de ganhar tração: gere, priorize, teste ideias e defina o foco. Não despreze os canais pouco utilizados, porque é bem provável que daí venham os melhores resultados.

- **Fale com empreendedores que já viveram essa experiência.** Busque saber como empresas de sua área ou setor conseguiram ou não ganhar tração. Aqui, o mais prático é falar com fundadores de startups que já tentaram fazer o você está querendo, mas não conseguiram.

- **Guarde ideias para outros canais.** Reúna ideias para outros canais de tração em uma planilha com teses embasadas que possam vir a ser confirmadas por meio de testes. Mesmo que já tenha escolhido um canal de tração como foco, guarde essas ideias para futuras rodadas do modelo Bullseye.

CAPÍTULO QUATRO

TESTES DE TRAÇÃO

Fazer testes de maneira sistemática é o segredo para ganhar tração com o modelo Bullseye. Ao buscar um canal de tração para focar, você vai testar os canais do círculo do meio e descobrir o mais promissor. Quando encontrar um que mereça sua atenção, comece a testar as estratégias e táticas para conseguir o máximo de tração possível. Neste capítulo, vamos falar sobre como realizar esses testes.

TESTES NO CÍRCULO DO MEIO

O objetivo dos testes no círculo do meio é encontrar uma estratégia de canal promissora na qual investir. Uma estratégia de canal é uma forma particular de adquirir clientes em determinado canal. A publicidade offline, por exemplo, é um canal de tração; já outdoors, publicidade em ônibus e anúncios em revistas são estratégias de canal dentro da publicidade offline. Para começar a testar um canal, você tem de escolher uma única estratégia, aquela que parecer mais promissora no brainstorming.

Seus testes devem responder às seguintes perguntas:

1. Quanto custa adquirir um cliente por esse canal?
2. Quantos clientes posso conseguir com esse canal?

3. As pessoas trazidas por esse canal são os clientes certos para essa etapa?

Com recursos limitados, é praticamente impossível otimizar estratégias em vários canais ao mesmo tempo. Postar dez anúncios em redes sociais e testar tudo quanto é aspecto deles (texto, landing pages etc.) exige dedicação integral. Isso é *otimização,* não teste. O certo é fazer vários testes de baixo investimento (digamos que dois anúncios em redes sociais, com duas landing pages) que deem alguma pista do sucesso que certa estratégia de canal poderia ter. Em outras palavras, nada de se aprofundar em táticas nessa fase; o certo é ficar no plano estratégico.

Esses primeiros testes das estratégias de canal costumam ser baratos e rápidos. No AdWords, por exemplo, é possível ter uma ideia aproximada se o canal de marketing em buscadores (SEM) funciona para sua empresa gastando cerca de US$250. Em geral, na fase I ninguém deveria gastar mais de U$S1.000, nem perder mais de um mês em um teste no círculo do meio. Quando tiver avançado para as fases II e III, testes de canal podem ter investimento e prazo maiores; afinal, será necessário um orçamento bem maior para fazer avançar o ponteiro rumo a sua meta de tração.

Testes no círculo do meio vão gerar dados que serão úteis na comparação entre estratégias de canal. Se tudo correr bem, você baterá sua meta — o Bullseye — e poderá dar início aos testes no círculo interno.

Testes no círculo interno

Testes no círculo interno têm duas funções. A primeira é otimizar a estratégia de canal escolhida para torná-la o mais eficaz possível. A segunda é descobrir estratégias melhores nesse canal de tração específico.

Focar um canal de tração exige muito tempo e recursos. Esse tempo é precioso e só deve ser investido se o empreendedor tiver algum indício de que o canal escolhido poderá trazer resultados. Já que a estratégia desse canal surgiu de testes no círculo do meio, deve haver alguma pista de que provavelmente funcionará.

CAPÍTULO QUATRO

Em termos de otimização, cada estratégia de canal tem uma série de aspectos a ajustar. No caso da divulgação em blogs, por exemplo, dá para definir em quais blogs apostar, que tipo de conteúdo apresentar e qual o "call to action" mais adequado. No caso do SEM, é possível testar várias palavras-chave (tags), textos, perfis demográficos e landing pages.

É preciso testar sistematicamente a estratégia de canal escolhida para tentar aumentar sua eficácia. Esses testes devem ser científicos, para que haja confiança de que o trabalho está sendo feito da maneira adequada. Uma abordagem usual é fazer um teste A/B.

Um teste A/B básico é uma experiência científica com um grupo de controle (A) e um grupo experimental (B). Para garantir bons resultados, um teste A/B costuma dividir as pessoas aleatoriamente em um de dois grupos e, depois, medir o que fazem.

O objetivo é determinar a eficácia da mudança em uma ou mais variáveis: a cor do botão, a imagem do anúncio, uma mensagem diferente em uma página de seu site. Cria-se uma versão da página para o grupo de controle (A) e outra para o grupo de teste (B). Ao verificar o desempenho de cada página, é possível descobrir se as mudanças estão tendo impacto em uma métrica relevante, como o volume de sign-ups (inscritos). Se, passado certo tempo, o grupo de teste (B) tiver melhores resultados, mude, colha os benefícios e faça outro teste.

Fazer do teste A/B um hábito (ainda que isso signifique apenas um teste por semana) pode dobrar ou até triplicar a eficácia de um canal de tração. Há inúmeras ferramentas para ajudá-lo a fazer esse tipo de teste pela internet, como Optimizely, Visual Website Optimizer e Unbounce. Essas ferramentas permitem que você teste otimizações sem fazer mudanças complexas no código.

Além de testes de otimização, é preciso experimentar outras estratégias no canal principal. Esses testes podem parecer iguais aos do círculo do meio, pois devem ser rápidos e de baixo investimento. O objetivo, nesse caso, é descobrir se há uma estratégia de canal ainda melhor — e que você deveria usar — para seu canal principal.

Ao se concentrar em um canal, você se tornará um expert nele. Especialistas em canais descobrem novas estratégias e táticas, que, volta e meia, se tornam as melhores simplesmente por serem novidade.

Andrew Chen, que ajuda startups a crescer, formulou uma lei que chamou de "Shitty Click-Throughs" [lei dos cliques inúteis, em tradução livre]: "Com o tempo, toda estratégia de marketing leva a taxas de cliques inúteis" (click-through rate, ou CTR, é a taxa de resposta de uma campanha de marketing).

Isso quer dizer que, com o tempo, todo canal de marketing fica saturado. Quando muitas empresas descobrem uma estratégia que dá certo, ela acaba saturada e cara — ou ignorada pelo consumidor, perdendo muito sua eficácia. Quando surgiram os banners online, a taxa de cliques (CTR) era de mais de 75%. Quando viraram feijão com arroz, a taxa despencou.

Essa queda acontece com toda estratégia de canal. Táticas que surtiram efeito no passado se esgotarão e perderão eficácia. Basta que um concorrente aposte pesado em conseguir tração da mesma forma para aumentar o custo e derrubar a eficácia.

É bem provável que sua primeira estratégia de canal seja algo batido e já tenha sucumbido à lei dos Shitty Click-Throughs. Para enfrentar essa realidade, é preciso buscar novas estratégias de canal e fazer pequenos experimentos. Testes reduzidos e sistemáticos para ganhar tração permitem que você fique à frente dos concorrentes que apostam sempre nos mesmos canais. É como diz Andrew:

> A (...) solução para resolver o problema da lei dos Shitty Click-Throughs, ainda que temporariamente, é descobrir a próxima estratégia de marketing inexplorada (...). Se conseguir fazer essa estratégia dar certo com um produto forte por trás dela, maravilha. É bem provável que você tenha alguns meses, ou até alguns anos, de forte desempenho no mercado antes que ela também sucumba lentamente.

Uma estratégia de canal inexplorada pode significar provar algo diferente em um meio tradicional, mas também provar um meio que

CAPÍTULO QUATRO

ninguém mais está usando. É possível, por exemplo, tirar proveito de novas plataformas de marketing quando ainda estão no começo.

A Zynga, criadora do FarmVille e muitos outros jogos, fez isso com o Facebook, dominando os recursos de publicidade e compartilhamento da plataforma quando a concorrência ainda era relativamente baixa. Para uma empresa de games, hoje é praticamente impossível usar o Facebook para crescer como fez a Zynga anos atrás — o canal é muito caro e está congestionado. Já a empresa que explorar uma plataforma mais nova, que está crescendo rapidamente, terá uma vantagem considerável em relação à concorrência, que na maioria das vezes fica acomodada nos mesmos canais.

Outra estratégia incomum é usar outros canais de tração para alimentar seu canal principal. Como vimos anteriormente, a ideia não é dividir a atenção por vários canais de tração, e sim usar outros canais como parte da estratégia no canal principal.

Suponhamos que seu canal principal seja marketing de conteúdo no blog da empresa. Para promover o blog, uma possibilidade é tentar colocar esse material em outros blogs (canal de divulgação em blogs especializados). Também é possível comprar publicidade nas mídias sociais para difundir seus melhores posts no Twitter e no Facebook (canal de social ads e display ads). Nos dois casos, você não está se limitando a esses canais secundários para crescer; na verdade, está usando ambos para sustentar sua estratégia de marketing de conteúdo.

Esses dois exemplos são bastante comuns. Agora, e se desse para encontrar um jeito de usar a criação de comunidades, palestras ou anúncios offline para dar um empurrão na estratégia de marketing de conteúdo? Uma vez definido o canal principal de tração, vale a pena considerar como cada um dos outros 18 canais poderia reforçar o canal principal. Esse brainstorming pode revelar estratégias de canal inéditas, que ainda não sucumbiram à lei dos Shitty Click-Throughs.

Ferramentas online

Já que fazer testes é fundamental para ganhar tração, é preciso buscar ferramentas online que ajudem a organizar e realizar esses testes, ainda que sejam offline. Sean Ellis, consultor de growth hacking do Dropbox e da Eventbrite, diz o seguinte:

> Quanto mais rápido você fizer testes de qualidade, maior a probabilidade de que encontre táticas de crescimento eficazes, escaláveis. Para determinar o sucesso de uma ideia de aquisição de clientes, é preciso um sistema eficaz de controle e avaliação; então, não comece a fazer testes antes de contar com um sistema desses.

Esse "sistema eficaz de controle e avaliação" pode ser algo simples como uma planilha eletrônica ou complexo como uma ferramenta de analytics capaz de realizar análises de cortes. Além disso, todo teste realizado deve ter um objetivo: validar ou refutar uma hipótese.

Todos os dias chegam ao mercado mais e mais ferramentas online que permitem aos empreendedores otimizar canais de tração. Recomendamos o uso de uma dessas ferramentas para ajudá-lo a entender e avaliar a eficácia de suas iniciativas para ganhar tração.

Vejamos as perguntas a seguir. A primeira impressão é que são difíceis e exigiriam muita pesquisa para ser respondidas:

- Quantos clientes em potencial chegaram a meu site na internet?
- Qual o perfil demográfico de meus melhores clientes? E o dos piores?
- Clientes que fazem contato com a equipe de atendimento permanecem mais tempo conosco?

No entanto, se você estiver usando as ferramentas online adequadas, verá que essas perguntas são bastante diretas. Aliás, ferramentas de analytics como Clicky, Mixpanel ou Chartbeat podem ajudar a responder a todas as três. Essas ferramentas informam quem está entrando no site, com que frequência e, melhor ainda, quando e em que ponto está saindo do site.

Sugerimos uma planilha eletrônica para classificar e priorizar suas estratégias de canal de tração. Toda pergunta respondida pelos testes tem uma resposta numérica e, portanto, a planilha é a opção natural.

Cada estratégia deve ter, no mínimo, colunas que informem *quantos clientes o mercado tem*, a *taxa de conversão*, o *custo de adquirir um cliente* e o *valor vitalício do cliente*. Por serem universais, essas métricas facilitam a comparação de diferentes estratégias. Nossa dica é que você seja o mais quantitativo que puder, ainda que no começo esteja trabalhando apenas com estimativas.

Como já dissemos, o mais certo aqui é pensar apenas nos canais de tração e nas estratégias que tenham alguma chance de fazer avançar o ponteiro rumo a sua meta de tração. Com poucos cálculos, é possível determinar o que deslocará esse ponteiro. Quantos clientes novos são necessários para que ele avance?

Se não houver uma possibilidade real de que uma estratégia de canal vai trazer clientes novos em número suficiente para fazer o ponteiro avançar com a verba atual, não vale a pena seguir apostando nela. Por exemplo, publicar artigos em sites especializados em tecnologia não faz sentido hoje em dia para o DuckDuckGo, pois a tática não converteria pessoas em número suficiente para fazer diferença nas estatísticas de busca da empresa. Na fase I, porém, essa estratégia funcionou.

A maioria dos canais vai produzir certo número de clientes. Entretanto, a questão crucial é: "Esse canal, tem clientes suficientes para gerar impacto?" Um simples cálculo usando uma planilha eletrônica pode lhe dar a resposta.

Metas

- **Busque clientes onde ninguém mais está procurando.** Fique de olho em táticas ousadas que ainda não sucumbiram à lei dos Shitty Click-Throughs — ou "cliques inúteis", em bom português. Faça testes de baixo investimento para validar hipóteses e colocar novas ideias à prova.

- **Otimize sistematicamente.** Faça testes A/B para otimizar sua estratégia de canal de tração. Há muitas ferramentas online para ajudá-lo a testar e a avaliar o uso de distintas táticas para ganhar tração.

- **Seja quantitativo.** Busque formas de quantificar o resultado das iniciativas de marketing, sobretudo na hora de decidir que estratégias de tração usar e de compará-las usando o modelo Bullseye. É preciso ter ideia de quais números farão o ponteiro de tração se mexer e focar seus esforços apenas em ações que possam lhe dar esse resultado.

CAPÍTULO CINCO

CRITICAL PATH OU CAMINHO CRÍTICO

É muito fácil uma startup perder o foco. É que sempre parece haver uma nova oportunidade no horizonte, um produto ou serviço a melhorar, alguma outra tarefa pedindo sua atenção. Como decidir em que se concentrar?

Defina sua meta de tração

Toda startup deve trabalhar para cumprir uma meta de tração específica. Pode ser chegar a mil clientes pagantes, a 100 novos clientes por dia ou a 10% de participação de mercado.

Como já dissemos, *tração supera tudo*. Logo, seu foco deve ter relação direta com a meta de tração.

A meta adequada vai depender muito de seu negócio. Deve ser definida com muito cuidado e estar alinhada com sua estratégia. Tem de ser uma meta que, uma vez alcançada, mude radicalmente a situação da empresa: permitirá que saia do vermelho, levante fundos com mais facilidade ou até se torne líder de mercado.

No DuckDuckGo, a atual meta de tração é manter 1% do mercado geral de buscas na internet. Atingir essa meta é importante porque, uma vez lá, a empresa será levada muito mais a sério. Será vista como um player estabelecido no mercado, com tudo o que esse reconhecimento implica (contratos melhores, mais divulgação e por aí vai).

Para a maioria das organizações, a meta de tração do DuckDuckGo não serve, pois, em geral, 1% de um mercado não tem tanta importância ou valor. É relevante para um buscador porque o mercado é muito grande e tem poucas empresas. Isso mostra a importância de definir uma meta de tração que seja relevante para o caso específico de seu negócio.

A meta de tração anterior do DuckDuckGo era chegar a 100 milhões de buscas por mês, o que tiraria a empresa do vermelho. A meta foi importante porque fez a empresa chegar ao breakeven, ao ponto de equilíbrio.

Antes disso, o objetivo era trabalhar o produto e a mensagem até convencer o público a fazer do DuckDuckGo seu principal buscador. Para a empresa, a relevância nesse caso era passar da fase I para a fase II e chegar a um legítimo "product market fit".

A importância de escolher a meta de tração adequada não deve, contudo, ser exagerada. Você está buscando crescimento ou rentabilidade, ou algo entre as duas coisas? Se precisar levantar certa quantia em determinado número de meses, de quanta tração você vai precisar? É esse tipo de pergunta que ajuda a determinar a meta de tração adequada.

Uma vez definida essa meta, é possível voltar e definir submetas de tração quantitativas e de prazo, por exemplo: chegar a mil clientes no próximo trimestre ou crescer 20% ao mês. Submetas claras servem de norte. Ao inserir atividades voltadas para o ganho de tração no mesmo calendário do desenvolvimento do produto e de outros objetivos da empresa, você garante que parte do tempo será dedicada a isso (o ideal é que seja pelo menos metade do tempo).

CAPÍTULO CINCO

Defina seu caminho crítico

O caminho mais curto — com o menor número de passos — para cumprir a meta de tração é o que chamamos de Critical Path (caminho crítico). É preciso, literalmente, enumerar cada passo intermediário (marco) a ser dado para atingir a meta. Esses passos não precisam estar ligados à tração, mas devem ser *indispensáveis* para o cumprimento da meta.

No caso do DuckDuckGo, a meta de tração era chegar a 100 milhões de buscas por mês. A equipe pensava que, para isso, era preciso ter um site mais rápido, um produto mais interessante no mobile e mais exposição na TV aberta (o canal de tração da publicidade), entre outras coisas.

Ainda que recursos como busca de imagens e sugestão de termos sempre fossem solicitados, a startup achava que não eram passos indispensáveis no Critical Path para bater aquela meta de tração. Já com a nova meta — conseguir 1% do mercado de buscas —, esses recursos são vistos como marcos necessários no novo caminho crítico.

Anteriormente, tais recursos não foram considerados cruciais porque, mesmo com 100 milhões de buscas por mês, a base de usuários do DuckDuckGo gostava do produto e perdoava essa ausência. No entanto, para bater a meta de tração seguinte, a empresa teria de conquistar um público bem maior, e os novos usuários seriam bem menos compreensivos.

Em sua startup, esses marcos intermediários serão outros, mas a ideia é, sempre, ser crítico e estratégico ao decidir o que incluir no caminho crítico. Daí essa via ser chamada de "crítica". Por exemplo, você pode achar que, para cumprir sua meta de tração, será preciso contratar três pessoas, adicionar os recursos A, B e C ao produto e realizar as atividades de marketing X, Y e Z. Esses são os *marcos*, ou passos, que você precisa alcançar para chegar aonde quer.

O recurso C ou a atividade de marketing Y são mesmo necessários? É aqui que muitos empreendedores se atrapalham, pois acabam aplicando os recursos limitados da empresa a coisas sem relação com o caminho crítico. Em geral, você competirá com empresas que têm muito mais recursos que a sua. Aproveitar mal os poucos recursos que você tem é um grande erro.

Outro problema comum é que sua lista inicial de marcos ou passos necessários costuma estar errada. Você achou, por exemplo, que tinha de incluir os recursos A, B e C para atingir a meta de tração, mas depois de lançar o A e sentir a reação do mercado, constatou que deveria simplesmente ignorar o B e ir direto para o C. Daí a necessidade de fazer uma revisão crítica depois de atingir cada marco. A melhor maneira de assegurar que a empresa não use mal os recursos é avaliar sistematicamente se o que você está fazendo merece ou não estar no Critical Path.

Em outras palavras, o Critical Path vai ajudá-lo a decidir o que *não* fazer. Tudo o que for feito deve ser avaliado à luz do caminho crítico. Se uma atividade não estiver nesse caminho, esqueça.

Derrube os mitos da tração

O objetivo do Bullseye é ajudar o empreendedor a encontrar a melhor estratégia para ganhar tração o mais rápido possível. Muitos, infelizmente, não conseguem aplicar o modelo de maneira satisfatória por ignorar canais de tração promissores por conta de preconceitos naturais. Esse erro custa caro, pois faz o empreendedor tomar o rumo errado e desperdiçar recursos.

Vejamos, de novo, quais são os 19 canais de tração:

1. Blogs especializados
2. Publicidade
3. Relações públicas não convencionais
4. Search Engine Marketing (SEM) ou marketing em buscadores
5. Social ads e display ads
6. Anúncios offline

7. Search Engine Optimization (SEO) ou otimização para buscadores
8. Marketing de conteúdo
9. E-mail marketing
10. Marketing viral
11. Engenharia como marketing
12. Business Development (BD) ou desenvolvimento de negócios
13. Vendas
14. Programas de afiliados
15. Plataformas existentes
16. Feiras de negócios
17. Eventos offline
18. Palestras
19. Criação de comunidades

É quase certo que você não entende de algum desses canais.

Nesse caso, por que gastar tempo e dinheiro em um canal que não conhece ou que, a seu ver, é irrelevante para o negócio?

O motivo é que esse seu preconceito pode impedir sua empresa de ganhar tração. É possível conseguir uma vantagem sobre a concorrência adquirindo clientes de um jeito que ninguém mais está fazendo.

Um dos objetivos deste livro é ajudá-lo a vencer preconceitos contra um ou outro canal de tração específico. Como? Mostrando como funciona cada um dos 19 canais. Um empreendedor ignora canais de tração potencialmente lucrativos por basicamente três motivos:

1. O canal está fora do radar da empresa. Em geral, uma startup não pensa em atividades como palestras porque normalmente estão fora de seu campo de visão.

Critical Path ou Caminho Crítico

2. O empreendedor se recusa a considerar seriamente um canal que acha ruim, como vendas ou programa de afiliados. Não é porque você detesta falar ao telefone que seus clientes também não gostam.

3. Há preconceito contra a trabalheira — contra tudo o que exige muito tempo e esforço. Canais como desenvolvimento de negócios e feiras normalmente estão nessa categoria.

Seja honesto: quais canais de tração você favorece ou despreza atualmente? É possível superar esse preconceito e aumentar sua chance de sucesso. Como? Levando todo canal a sério ao usar o modelo Bullseye. Bons mentores também podem ter um papel importante aqui, ajudando você a gerar e classificar ideias para cada canal. Jason Cohen, com quem conversamos sobre publicidade offline, resume bem essa questão:

> Sou capaz de apostar que boa parte da concorrência não vai querer nem experimentar certos canais. Se for assim, é mais uma razão para usar esses canais! Se você conseguir adquirir clientes em canais nos quais outros não conseguem ou que se recusam a usar, pode até ser uma vantagem competitiva (pelo menos temporária), e isso é mais interessante do que ficar brigando com os concorrentes pelas três primeiras posições no AdWords.

Tração é um negócio complicado. A tração inicial é imprevisível e pode chegar de várias maneiras — 19, pelas nossas contas. Por causa dessa imprevisibilidade, faz sentido considerar vários canais na busca de tração. Aliás, cada um dos canais listados já foi *o* escolhido por alguma startup para conseguir a tração inicial.

Naturalmente, ninguém é especialista em todos os canais. No entanto, certos indivíduos — em geral, fundadores de startups que se concentram neles — acabam dominando um canal específico. Daí termos decidido reunir e sintetizar todo esse conhecimento de empreendedores e outras pessoas com muita experiência em cada canal de tração.

CAPÍTULO CINCO

Os especialistas que entrevistamos criaram empresas que já faturaram centenas de milhões de dólares, são avaliadas em bilhões e figuram entre as maiores do mercado. Neste livro, mostramos o que funcionou para esses empreendedores e fornecemos a você, leitor, modelos, estratégias e táticas para ajudá-lo a ganhar uma tração parecida.

Já apresentamos um sistema para definir em que canal se concentrar (o modelo Bullseye) e como agir em seguida (o Critical Path). Nos próximos capítulos, vamos ajudá-lo a ganhar tração em cada canal.

E que venha o sucesso!

Metas

- **Defina marcos intermediários.** Defina a meta de tração e o Critical Path (caminho crítico) — a rota a ser percorrida para chegar lá. Depois, volte e enumere todos os passos indispensáveis para atingi-la.

- **Não saia do Critical Path.** Avalie e reavalie toda atividade realizada à luz desse caminho. Incorporar essa avaliação aos processos de gestão é uma boa ideia. Quantifique submetas de tração e monte uma planilha com todas para monitorar sistematicamente seu progresso ao longo do tempo.

- **Abandone seus preconceitos em relação aos canais de tração.** Estar na dianteira do canal de tração certo pode fazer uma diferença enorme em seu sucesso. De quais canais de tração você mais entende? E menos? Aqui, contar com um mentor pode ajudar muito.

CAPÍTULO SEIS

BLOGS ESPECIALIZADOS

Divulgação em blogs lidos por prospects é uma das melhores maneiras de uma empresa conseguir a primeira leva de clientes. Pode ser difícil, no entanto, escalar nesse canal de tração nas fases II e III, pois o número de blogs relevantes e com muito tráfego é limitado. Não importa. Nem todo canal de tração é infinitamente escalável. Aliás, aplicar táticas que não escalam é uma excelente maneira de conquistar os primeiros clientes. É como diz Paul Graham:

> A necessidade de fazer algo que dá muito trabalho e não escala logo no começo é tão universal que talvez seja bom parar de pensar na ideia de uma startup como uma escalada. É melhor pensar em duas coisas diferentes: naquilo que você vai criar e nas coisas não escaláveis que vai fazer logo no início para sua empresa avançar.

Fomos falar com Noah Kagan, que foi diretor de marketing da Mint e criou a AppSumo, para saber como ele usou esse canal — divulgação em blogs especializados — para gerar uma boa tração inicial para essas duas startups.

A história da Mint é impressionante. A empresa surgiu em 2007 como um simples site de finanças pessoais. Em menos de dois anos, foi comprada pela Intuit por US$170 milhões.

Nesse intervalo, conseguiu adquirir mais de 1,5 milhão de clientes — 20 mil dos quais se cadastraram para usar o aplicativo *antes* de lançado. Com 6 meses de vida, a Mint já dispunha de mais de 1 milhão de usuários ativos.

Pouquíssimas startups conseguem crescer nessa velocidade nos 6 primeiros meses. Noah, que era diretor de marketing da Mint à época, foi o responsável pelo esforço de marketing inicial. Na entrevista, contou que o objetivo da fase I da empresa era chegar a 100 mil usuários em 6 meses. Para bater essa meta, criou uma planilha de "Quant-Based Marketing", como a que mostramos a seguir:

Fonte	Tráfego	CTR (%)	Taxa de conversão (%)	Total de usuários	Status	Confirmado	Usuários confirmados
TechCrunch	300.000	10	25	7.500	Amigo	Sim	7.500
Dave McClure	30.000	10	25	750	Amigo	Sim	750
Mashable	500.000	10	25	12.500	Enviei e-mail	Não	0
Reddit	25.000	100	25	6.250	Coordenado	Sim	6.250
Digg	100.000	100	25	25.000	Coordenado	Sim	25.000
Google orgânico	5.000	100	15	750	Recebendo	Sim	750
GoogleAds	1.000.000	3	35	10.500	Comprado	Sim	10.500
Paul Stamatiou	50.000	5	50	1.250	Amigo	Sim	1.250
Patrocínios na área de finanças pessoais	200.000	40	65	52.000	Coordenado	Sim	52.000
Okdork.com	3.000	10	75	225	Eu mesmo	Sim	225
Total de usuários				116.725			104.225

CAPÍTULO SEIS

Noah colocou na planilha todos os canais de tração que a Mint pretendia explorar para atrair clientes. Depois, fez uma estimativa de cifras de tráfego, click-through rates (CTR) e taxas de conversão (que, nesse caso, significava se cadastrar para usar o produto). Em seguida, calculou o número de clientes esperados com cada estratégia de canal.

Então chegou a hora de testar as estratégias de canal que pareciam promissoras para definir qual delas valia a pena focar. Para testar a divulgação em blogs especializados, Noah pesquisou alguns que representavam bem certos segmentos de clientes e conseguiu que escrevessem sobre a Mint.

O método que Noah usou é o mesmo do modelo Bullseye: tentar sistematicamente definir qual canal levará a empresa a alcançar sua meta de tração.

A primeira bateria de testes da Mint revelou que a divulgação em blogs deveria ser o principal canal de tração. Noah fez uma longa lista de blogs relevantes e, no começo, trabalhou basicamente para emplacar alguns artigos e guest posts — quando alguém publica em um blog como autor convidado. Depois de fazer testes no círculo interno, descobriu estratégias de canal que melhoraram ainda mais a tração: acesso VIP e patrocínio direto.

Para fazer barulho e criar expectativa pelo produto antes mesmo do lançamento, a Mint fez algo que poucas startups haviam feito até então: pediu a quem estava na lista de espera que indicasse o produto aos amigos em troca de acesso VIP ao aplicativo. No momento do cadastro, a pessoa podia incluir o badge (selo) "I Want Mint" ("Eu quero a Mint") onde quisesse: no próprio blog, no perfil do Facebook ou em outros sites. Quem conseguia atrair mais pessoas com essa mecânica de indicação tinha acesso VIP ao aplicativo.

O segredo do sucesso desses badges foi promover o compartilhamento e a incorporação em outros espaços digitais. Assim como o YouTube inclui um código de incorporação embaixo de cada vídeo, a Mint forneceu o código para que fosse possível incorporar o badge com um simples comando de copiar e colar. Muitas pessoas exibiram esse badge para ter acesso VIP a um produto que desejavam. Ao final, cerca de 50 mil se cadastraram por meio dos 600 blogs que exibiram o badge "I Want Mint". Graças às centenas de novos links que agora remetiam à Mint, a estratégia também deu uma turbinada no SEG.

A empresa usou uma segunda estratégia inovadora para adquirir clientes por esse canal de tração: o patrocínio direto dos blogs. Cada blog escolhido exibia durante certo tempo um pequeno anúncio da Mint, com Noah monitorando cada anúncio para ver quais blogs davam mais resultado e quantas pessoas se cadastravam por ali. Essa tática não só rendeu mais de 10 mil pré-cadastros, como também permitiu que a equipe da Mint descobrisse quais clientes se mostravam mais interessados pelo produto.

Muitos blogs têm um público considerável, mas não ganham um único centavo com o que publicam. O que Noah sugeriu foi que falassem sobre uma novidade bacana e ainda ganhassem uma grana com isso. Para abordar esse pessoal, ele simplesmente mandou uma mensagem com o título "Quer receber US$500?" e contou do que se tratava o produto e qual era a ideia da Mint. A maioria aceitou de bom grado compartilhar com seu público um produto útil e ainda faturar um dinheiro com isso.

A Mint também fez parcerias de conteúdo com sites maiores, como o *The Motley Fool,* especializado em investimentos. Graças à parceria (um site contribuía com conteúdo para o outro), o aplicativo da Mint, útil e gratuito, foi promovido entre 3 milhões de leitores que, provavelmente, teriam interesse por esse tipo de produto. Essa parceria de conteúdo pós-lançamento combinou divulgação em blogs especializados com táticas de desenvolvimento de negócios e rendeu bons frutos para a Mint.

Noah voltou a usar esse canal de tração na AppSumo, startup que vende pacotes de aplicativos e produtos educacionais com desconto. Para ganhar tração, ele montou pacotes grátis para blogs e conferências como a SXSW.

CAPÍTULO SEIS

Um dos primeiros pacotes montados pela AppSumo foi para o *Lifehacker*, um blog de produtividade muito popular. Em vez de simplesmente tentar vender a ideia para o *Lifehacker*, Noah já fez o contato com um pacote de produtos criado especialmente para o blog, que não teve como recusar uma oferta direcionada especificamente para seus leitores. É o que se encontra no próprio blog:

> Aqui no *Lifehacker*, nossa quedinha por aplicativos grátis não é segredo, mas às vezes é preciso pagar para ter acesso a recursos mais avançados. No momento, a AppSumo montou um pacote com nossos webapps de produtividade favoritos, e por uma fração do custo.

O pacote caiu nas graças do público da *Lifehacker* e gerou uma forte tração inicial para a AppSumo. Noah também patrocinou a distribuição de brindes da AppSumo por alguns blogs, como tinha feito com a Mint. Hoje, a empresa dá lucro e tem mais de 800 mil clientes.

Táticas para divulgação em blogs especializados

Descobrir blogs menores em seu nicho pode ser difícil. Para identificar blogueiros influentes em sua área, é possível usar várias ferramentas. Veja algumas:

Buscadores: dê uma busca por "melhores blogs" sobre o assunto ou algo parecido.

YouTube: uma simples pesquisa com palavras-chave de seu produto vai mostrar os vídeos mais populares da área — em geral associados a algum influenciador que tem um blog. Uma tática para quebrar o gelo e iniciar uma aproximação com essa pessoa é usar o link para seus vídeos. O mesmo vale para outros sites de vídeos, como o Vimeo e o Dailymotion.

Delicious: com uma busca por palavras-chave, é possível encontrar links que outras pessoas salvaram, o que pode revelar outros blogs.

Twitter: usar o recurso de pesquisa do Twitter é outro jeito fácil de encontrar blogs de nicho. Já com ferramentas como o Followerwonk e o Klout, dá para saber quais são os principais perfis do Twitter em seu setor.

Social Mention: mostra quais sites são mais mencionados com suas palavras-chave.

Perguntar: a melhor maneira de descobrir o que o público-alvo está lendo na internet é perguntar diretamente a ele.

Além de buscar exposição diretamente em blogs, outra ideia é focar comunidades de compartilhamento de links que em geral direcionam o público para os blogs. Esse compartilhamento de links é a base de muitas comunidades na internet (Reddit, Product Hunt, *Hacker News*, Inbound.org). Além disso, há centenas de comunidades e fóruns de nicho que incentivam e recompensam quem compartilha links.

Lá no começo, o Dropbox mirou essas comunidades para conseguir tração. Quando compartilhou um vídeo no *Hacker News*, mais de 10 mil pessoas criaram uma conta no serviço. Não demorou para o site entrar na lista de trending do Digg (que era bem maior à época), o que trouxe ainda mais interesse.

Quora, Codecademy e Gumroad tiveram sucesso parecido com as primeiras postagens no *Hacker News*, pois seus produtos eram adequados aos usuários do site. Os criadores do aplicativo de gestão de arquivos para desenvolvedores Filepicker.io também colocaram uma demo no site para receber feedback e conquistar os primeiros clientes. A postagem ficou no topo da lista por quase três horas. Nesse intervalo, houve:

- mais de 10 mil visitas;
- 460 usuários simultâneos;
- cadastro de mais de 500 desenvolvedores;
- mais de 5 mil arquivos gerenciados.

CAPÍTULO SEIS

Em um meio digital congestionado, chegar a prospects em um espaço que esses potenciais clientes frequentam por vontade própria é um jeito maravilhoso de ganhar tração. Aparecer em blogs e em comunidades de compartilhamento de links pode ser uma ótima maneira de conseguir sua primeira leva de clientes.

Metas

- **Faça testes com blogs menores.** Descubra com que público seu produto e sua mensagem repercutem mais. Há várias ferramentas muito boas para encontrar blogs relevantes, como YouTube, Delicious, StumbleUpon, Twitter, buscadores, Google Alerts e Social Mention. Perguntar diretamente ao público-alvo é outra ótima opção.

- **Patrocine blogs pequenos, de preferência de influenciadores.** Dar acesso prioritário a blogueiros influentes ou oferecer esse acesso em troca da menção ao produto também ajuda.

- **Dê algo único aos melhores prospects.** Crie uma promoção especial só para eles e redija um material que possam usar nos respectivos blogs.

CAPÍTULO SETE

PUBLICIDADE

Neste capítulo, falaremos de ações de publicidade em veículos de comunicação tradicionais, como jornais e revistas. Ações de relações públicas não convencionais, marketing de conteúdo e divulgação em blogs também são formas de publicidade e podem ser potencializadas por esse canal, mas são abordadas separadamente em outros capítulos.

Ser mencionada logo cedo por um site importante (como o *TechCrunch* ou o *The Huffington Post*) pode aumentar o apelo da empresa para potenciais clientes, investidores ou parceiros e, de quebra, despertar o interesse de mídias ainda maiores, como grandes jornais ou revistas, e, em questão de dias, fazer o ponteiro de tração avançar. Essa publicidade também tem benefícios secundários, entre eles ajudar no levantamento de fundos, no recrutamento e em parcerias.

Estratégia de publicidade

Um empreendedor raramente sabe como fazer sua startup aparecer na mídia. Primeiro, é preciso entender como funciona a imprensa na era digital. Ryan Holiday, ex-diretor de marketing da American Apparel e autor do best-seller *Acredite, estou mentindo,* resume a situação de maneira bem clara:

A relação com a imprensa mudou radicalmente. Peguemos o *The New York Times*. Quando resolve fazer uma matéria sobre você, o jornal está lhe fazendo um grande favor, pois há muito mais pessoas sobre as quais poderia falar.

O espaço no papel é finito. Já um blog é diferente, porque pode publicar um número infinito de matérias, e cada texto que sai é uma oportunidade de gerar mais tráfego (o que significa mais recursos para o blog). Ou seja, quando o *Business Insider* escreve sobre você, é você quem está fazendo um favor para o site.

A maioria dos sites ganha dinheiro com publicidade e, para isso, precisa gerar o maior número de visualizações possível. Se sua história for fascinante e de interesse público, a imprensa vai *querer* contá-la, pois o conteúdo vai gerar mais audiência — e dinheiro. É por isso que sites como o *The Huffington Post* publicam centenas de matérias por dia: quanto mais conteúdo, mais visualizações e, consequentemente, mais receita com publicidade.

Outra coisa que mudou foi o *modus operandi* de grandes veículos de imprensa (CNN, *The New York Times*, o programa de TV *Today Show*). Hoje, esses veículos ficam de olho em outros menores para descobrir coisas interessantes que possam ser levadas a um público maior. É como diz Ryan:

> É melhor começar de baixo quando o alvo é um veículo de imprensa dos grandes, pois nesse caso a abordagem direta raramente funciona. O melhor é comer pelas bordas. Uma boa ideia, por exemplo, é descobrir que blogs o *TechCrunch* segue e de onde tira ideias, pois conseguir a atenção desses blogs provavelmente será mais fácil. Você faz seu pitch ali, o que leva o *The New York Times* a procurá-lo ou a escrever sobre você devido a alguma informação que viu em outro lugar.

Isso significa que, para sair na TV, já não é preciso vender o peixe diretamente para a CNN, por exemplo. Basta aparecer em um site pequeno (o que é mais fácil) seguido por veículos de comunicação maiores. Se contar bem sua história, você chamará a atenção para sua empresa e despertará o interesse de veículos maiores. Daí a incluir em seu site uma chamada do tipo "Saiu na CNN" é um pulo.

Em outras palavras, o caminho que o conteúdo segue hoje na cadeia da mídia é *de baixo para cima,* não o contrário. Mais uma vez, é Ryan quem explica:

> Blogs têm enorme influência sobre outros blogs, o que torna possível transformar artigos em um site com pouco tráfego em um artigo em sites muito maiores, se estes lerem o site original. Os blogs competem para ver quem consegue uma história primeiro, os jornais competem para "confirmá-la" e então os especialistas competem por tempo na televisão para opinar sobre ela. Os sites menores legitimam o valor da história para sites com maior público.

Em geral, é assim que as startups conseguem sair na mídia. Sites como *TechCrunch* e *Lifehacker* volta e meia buscam novidades em fóruns menores, como o *Hacker News,* e em subreddits (sites de compartilhamento de links). Já um veículo como o *The New York Times* pode pegar algo que saiu no *TechCrunch* e dar a informação em uma narrativa mais ampla que estiver produzindo.

A história da DonorsChoose.org é um exemplo de como funciona a cadeia da mídia hoje em dia. Trata-se de um site em que professores podem arrecadar fundos para iniciativas com fins pedagógicos — por exemplo, comprar um microscópio digital para aulas de ciências.

Como muitos professores em Nova York estavam usando o site, a notícia saiu em uma série de veículos da cidade. Logo a seguir, a *Newsweek* fez uma matéria, que até foi comentada, mas não causou estardalhaço. Foi então que Oprah entrou em cena.

Quando uma pessoa de sua equipe lhe falou sobre a matéria na *Newsweek,* a apresentadora decidiu incluir a DonorsChoose em sua lista de novidades favoritas de 2010. A atenção nacional que isso rendeu fez a Gates Foundation patrocinar o projeto e o volume de doações aumentar muito.

Embora os meios de comunicação estejam cada vez mais em busca de boas histórias, sair na mídia não é moleza; há milhares e milhares de empresas querendo isso. Jason Kincaid, que foi repórter do *TechCrunch*, contou que era procurado mais de 50 vezes por dia por algum empreendedor querendo divulgar o próprio negócio.

E o que desperta o interesse do jornalista? Alguma proeza ou meta cumprida: uma injeção de capital, o lançamento de um novo produto, a conquista de certo número de usuários, uma sacada de marketing, uma grande parceria, alguma pesquisa do setor. Esse tipo de acontecimento é interessante o suficiente para justificar a divulgação.

Em vez de ficar soltando informações toda hora, Jason sugere que, sempre que possível, as coisas sejam agrupadas para causar mais impacto. Chegar a certo número de usuários é ótimo. Lançar um novo produto é importante. Já lançar um novo produto e, no processo, chegar a certo número de usuários é muito mais interessante para a imprensa.

O e-mail a seguir foi enviado por Jason Baptiste ao *TechCrunch* pouco antes do lançamento da startup PadPressed, que ajuda a formatar blogs para a tela do iPad. É um bom exemplo de pitch: é curto, vai direto ao ponto e traz informações claras de contato e links para a demo do produto. O pitch fica ainda mais interessante quando Jason se dispõe a liberar o produto para testes.

Assunto: Exclusivo para o TC: chegou o PadPressed. Com ele, qualquer blog vai parecer um aplicativo nativo do iPad

Olá, Mike.

Amanhã ao meio-dia lançaremos o PadPressed. Estamos antecipando a notícia com exclusividade para o TC. Com o PadPressed, qualquer blog vai ficar parecendo um aplicativo nativo do iPad. A ferramenta inclui acelerômetro para redimensionar colunas, swipe para passar para o texto seguinte, navegação por toque, criação de ícone da tela inicial e muito mais. Criamos um programa bem bacana para facilitar essa adaptação, e ele funciona com o layout atual do blog (o layout para iPad só é ativado se o usuário entrar no blog com um iPad).

CAPÍTULO SETE

É isso aí. Vou parar por aqui para você poder checar os links/páginas da demo que estou enviando abaixo. São bem mais interessantes que meu discurso!

P.S.: se achar legal promover um sorteio entre os leitores do TC, é só falar. Obrigado de novo. Se tiver alguma dúvida, estou às ordens. A seguir seguem meus contatos (Skype, celular etc.) [conteúdo em inglês].

Demo em vídeo: http://vimeo.com/13487300

Site do live demo (se estiver usando um iPad): jasonlbaptiste.com Principais recursos: http://padpressed.comlfeatures

Jason Kincaid lembra que um pitch desses não deve ser muito longo, pois jornalistas recebem centenas de e-mails e estão cansados de textos longos. Seja sucinto e claro.

Na comunicação com a mídia, cabe ao empreendedor pensar em um gancho que torne a história interessante. Se conseguir criar uma narrativa e apresentá-la bem, a probabilidade de sair em algum veículo aumenta muito.

Um bom gancho provoca uma reação emocional no público. Uma história que não é interessante o suficiente para despertar emoção não merece ser contada. O ideal, além disso, é que provoque uma sensação específica no leitor, para que ele queira compartilhá-la com outras pessoas. "Satisfação é uma sensação que não viraliza", diz Ryan. Ou seja, para que o leitor *faça* algo depois de ler sobre seu negócio, não basta que se sinta satisfeito.

Um exemplo: um cliente de Ryan tinha escrito um livro sobre as engrenagens de Wall Street. A obra apresentava detalhes técnicos sobre operações de alta frequência nas bolsas de valores e o impacto disso na economia. Na hora de vender a história, no entanto, Ryan e seu cliente fecharam o foco na tese do livro de que o mercado acionário é, no fundo, um jogo de cartas marcadas.

Esse pitch rendeu muito mais publicidade do que um livro sobre o mercado de ações normalmente receberia. Em vez de deixar cada jornalista definir como apresentar a história, os dois deram um gancho para esses profissionais, e esse gancho despertou fortes reações entre os leitores, alimentando o debate em torno da obra. Se sua mensagem não divide opiniões — se não faz alguns concordarem e outros discordarem —, a ideia não será tão comentada como você espera.

O modelo de e-mail a seguir foi criado por Ryan, que o usou várias vezes para convencer algum jornalista a escrever sobre uma novidade.

Assunto: Pergunta rápida

Oi, [nome].

Resolvi escrever porque adorei seu post sobre [um assunto parecido que gerou muito tráfego]. Ia pedir a nossa assessoria de imprensa que divulgasse a informação a seguir, mas achei melhor sondar seu interesse em dar a notícia em primeira mão, com exclusividade, pois costumo ler o que você escreve e gosto muito. [Minha empresa conseguiu 25 mil clientes pagantes em dois meses gastando zero com publicidade. / Meu livro revela os bastidores de um enorme escândalo de XYZ.] Ainda não falei com ninguém e você seria o primeiro a dar a notícia. Se quiser, posso passar todos os detalhes para que a matéria seja um sucesso. Você tem interesse?

Em caso positivo, devo mandar um texto com mais ou menos [média de palavras do texto deles] palavras ou você prefere outro processo? Se não tiver interesse, entendo perfeitamente. De todo modo, agradeço pela atenção.

Atenciosamente, [seu nome]

Táticas de publicidade

Como já dissemos, a melhor maneira de conseguir exposição logo no início é comer pelas bordas. Um bom começo é usar um serviço como o Help A Reporter Out (Haro), que põe jornalistas em contato com fontes. Ainda que você não seja o principal personagem da matéria, a colaboração com o jornalista provavelmente vai render uma menção no texto e ajudar a estabelecer sua credibilidade.

Outra ideia é procurar jornalistas para comentar matérias ligadas a sua área. Uma das muitas obrigações do criador de uma startup é ficar por dentro das tendências do setor. Se tiver boa capacidade de tomar o pulso do mercado, você pode contatar um jornalista para dar a ele sua opinião sobre uma matéria. Aproveite a ocasião para avisar que, se ele ou um colega precisarem de uma fonte sobre o setor, você está às ordens.

Também dá para chegar a jornalistas pelo Twitter. Embora a maioria desses profissionais tenha conta nessa rede, muitos têm pouquíssimos seguidores. O fato de não estarem empenhados em arregimentar seguidores não significa, no entanto, que não tenham influência. E o lado bom disso é que, ao tuitar com eles, é maior a probabilidade de que você apareça.

O empreendedor que estabelece uma relação com jornalistas no Twitter sai em vantagem no dia em que precisar fazer um pitch mais formal para eles. Foi exatamente assim que o DuckDuckGo foi parar na lista dos 50 melhores sites da *Time* em 2011: antes de ser mencionado na reportagem, Gabriel já interagia com o repórter da revista no Twitter.

Quando você tem uma história contundente, é preciso difundi-la o máximo possível. Seguem algumas táticas para isso:

- Tente subir a história em sites de compartilhamento de links (Reddit, *Hacker News*) com um público grande.
- Compartilhe a história em redes sociais para gerar awareness (consciência da marca), o que pode ser potencializado com social ads.
- Envie o material por e-mail a influenciadores do setor e peça a opinião deles. Pelo menos um deles vai compartilhar o conteúdo com seu público.

- Selecione blogs em sua área e diga-lhes que você tem uma história que está gerando buzz. Isso pode levar esse pessoal a querer escrever sobre seu caso.

Quando sua história já tiver caído nas graças da mídia, mantenha o assunto em pauta o máximo possível. Mande e-mail a blogs que deram a notícia (e também aos que não deram) e sugira uma entrevista para acrescentar informações ao material original. Entrevistas que explicam como algo foi feito são muito populares.

Além de gerarem tráfego, essas ações de divulgação podem ter um impacto considerável na campanha para levantar fundos. Ryan Holiday falou sobre isso durante nossa entrevista:

> Relações públicas têm um enorme impacto na fase inicial de uma startup (...). Conseguir investimentos é, obviamente, muito importante. Mas investir é, no fundo, apostar. O investidor está dizendo: "Acho que essa pessoa sem nenhum histórico merece US$2 milhões do meu dinheiro para criar um negócio que pode ou não dar certo e, caso dê, precisamos achar um comprador que pague ainda mais pela empresa." E muita coisa pode dar errado.
>
> Quando uma pessoa aposta, porém não admite que está apostando (como faz um investidor), ela precisa de informações para justificar a decisão. Precisa de provas sociais, de exemplos e de evidências de que está fazendo a coisa certa. Essa pessoa já sabe se quer investir em você ou não e está buscando alguma confirmação de que tomou a decisão certa. Aparecer na mídia é o jeito mais eficaz de fazer alguém vencer essa barreira e confirmar que agiu da maneira correta.

À medida que a startup for crescendo, uma opção é contratar uma assessoria de imprensa ou um consultor de relações públicas para ajudar com esse canal de tração, sobretudo se você decidir que a divulgação na mídia será o principal canal para ganhar tração. Uma boa empresa de RP pode ajudar o empreendedor a:

- Definir a melhor mensagem e o melhor posicionamento para a imprensa;
- Padronizar a mensagem para a mídia;
- Organizar a interação com a imprensa, especialmente em grandes campanhas de divulgação e eventos;
- Abrir portas em veículos em que geralmente é mais difícil entrar, como emissoras de TV e rádio (pois em geral é mais complicado estabelecer relacionamentos com jornalistas e produtores nessa área).

É preciso, no entanto, pensar bem antes de decidir contratar uma empresa de relações públicas ou uma assessoria de imprensa. Muitos dos jornalistas da mídia impressa com quem falamos disseram que ignoram quase todo pitch de empresas de RP e assessorias, mas ouvem a maioria dos empreendedores. Além do mais, contar com uma empresa de RP ou uma assessoria imprensa sai caro: se estiver apenas testando esse canal, em geral é mais rápido e barato se virar sozinho.

Metas

- **Vá atrás de sites menores, mas relevantes.** É comum uma notícia ir "subindo" pela cadeia da mídia. Ou seja, grandes veículos de comunicação buscam ideias de pauta em blogs importantes, que, por sua vez, ficam de olho no conteúdo de blogs e fóruns menores. Isso significa que, se você conseguir gerar buzz nesses espaços menores, cresce a probabilidade de que sua história pare em publicações maiores.

- **Estabeleça uma relação com jornalistas que cobrem o mercado de sua startup.** Leia o que eles escrevem, comente, ofereça seus conhecimentos sobre o setor e siga-os no Twitter.

- **Tenha coisas relevantes para compartilhar.** Procure um jornalista somente quando tiver conquistas suficientes para compor uma narrativa emocional e convincente. Ao fazer um pitch, seja breve e simpático.

CAPÍTULO OITO

RELAÇÕES PÚBLICAS NÃO CONVENCIONAIS

Você se lembra do bilionário Richard Branson vestindo macacão de astronauta para anunciar o lançamento da empresa de turismo espacial Virgin Galactic? E do dia em que o Uber levou cupcakes e gatinhos de verdade a quem quisesse dar uma pausa no trabalho? Sacadas de marketing como essas não são só inusitadas; são um jeito garantido de gerar buzz e aparecer na mídia.

Relações públicas não convencionais não são tão congestionadas como os canais de tração mais populares. Quase toda empresa faz ações de publicidade tradicional, mas poucas apostam no inusitado para fazer barulho.

Há duas formas de RP não convencionais. É bem provável que você já tenha visto a primeira delas: o golpe de publicidade. Um golpe de publicidade é qualquer coisa feita para atrair a atenção da mídia. Richard Branson costuma dar coletivas de imprensa bizarras (vestido de mulher, pilotando um tanque pelas ruas) para que a mídia divulgue o que quer que o Virgin Group esteja lançando. Ao tornar o lançamento de um produto um verdadeiro show, Branson faz um acontecimento corriqueiro virar notícia mundo afora.

A segunda modalidade de RP não convencionais é valorizar o cliente: ações menores e escaláveis (como fazer um concurso ou enviar um bilhete redigido à mão) que despertam a simpatia do cliente e são noticiadas pela mídia. Um pequeno gesto pode transformar o cliente em evangelista da marca e turbinar o crescimento orgânico. De quebra, esse tipo de ação reforça a imagem e a história da empresa, elementos cruciais para a construção de uma marca forte.

Golpes de publicidade

Quando bem-feito, um golpe de publicidade pode levar uma startup do anonimato ao reconhecimento nacional instantaneamente. Foi o caso da Half.com.

Antes de inaugurar a empresa, a equipe da Half.com passou semanas pensando em maneiras de tornar a marca conhecida nos Estados Unidos. A certa altura, surgiu uma ideia inusitada: rebatizar uma cidade! E, em um dos golpes de publicidade mais bem bolados de todos os tempos, durante um ano, a cidadezinha de Halfway, no estado do Oregon, ficou conhecida como Half.com.

O empreendedor Josh Kopelman lançou a Half.com no programa de TV *Today Show* ao lado do prefeito de Halfway Esse golpe tinha tudo o que a mídia tradicional adorava em uma história: era singular, acompanhava o lançamento de uma startup de alto potencial e mostrava como a empresa, que havia contratado vários moradores de Halfway, estava criando empregos em uma cidade pequena.

Por causa desse golpe de publicidade, a Half.com virou notícia no *The New York Times,* na PBS, no *The Wall Street Journal* e em centenas de outros veículos de comunicação. Foi lançada no final de 1999, antes da massificação do e-mail e das redes sociais, e, mesmo sem essas ferramentas de compartilhamento, a campanha teve mais de *40 milhões* de impressões e deu à Half.com uma base de clientes robusta já no início. Apenas seis meses depois, a empresa foi comprada por mais de US$300 milhões pelo eBay.

CAPÍTULO OITO

Já o WePay, startup de pagamentos digitais, deu um golpe de publicidade popular na conferência anual para desenvolvedores do PayPal. Em vez de fazer marketing tradicional para seus clientes, a empresa instalou um bloco de gelo de quase 300 quilos na entrada do evento.

Na época, o PayPal vinha sendo criticado por ter congelado a conta de certos clientes. Com essa pequena ação, o WePay fez a imprensa se concentrar na questão das contas congeladas — e isso em um evento do próprio do PayPal! Essa sacada rendeu milhares de sign-ups. Além disso, colocou o WePay no mapa como alternativa viável ao PayPal, em um momento em que poucas pessoas sabiam que o serviço existia.

Em outro exemplo, o DuckDuckGo usou um outdoor no território do Google para alardear sua ênfase na privacidade, em uma ação que virou notícia em todo os Estados Unidos: saiu no jornal *USA Today*, na revista *Wired* e em muitos outros veículos. Esse golpe de publicidade serviu para dobrar a base de usuários do buscador.

E há o caso da fabricante de liquidificadores norte-americana Blendtec, do estado de Utah. Em 2007, a empresa fez uma série de vídeos intitulada "Will It Blend?". Neles, o presidente da Blendtec aparecia triturando bolas de golfe e até um iPhone com um liquidificador da marca.

Assim que foi parar no YouTube, a série estourou (só o vídeo do iPhone já foi visto mais de 8 milhões de vezes), entrando para a lista dos 100 vídeos mais visualizados. E olha que estamos falando de uma fabricante de liquidificadores.

O Dollar Shave Club, clube de assinatura de lâminas de barbear, fez um barulho parecido, com um vídeo de estreia cujo título era "Our Blades Are F**king Great" (algo como "Nossos aparelhos são do c*****o"). O vídeo já teve milhões de visualizações no YouTube e foi o grande responsável pelos mais de 12 mil clientes que o clube adquiriu dois dias após o lançamento. Também foi compartilhado mais de 31 mil vezes no Facebook, recebeu mais de 9,5 mil comentários, mais de 12 mil curtidas e mais de 16 mil tuítes.

E esse não foi o único benefício da ação. Com pouco tempo de vida, o Dollar Shave Club já ocupava o terceiro lugar em buscas no Google com o termo "barbear", em grande parte devido aos mais de 1.500 sites que davam o link para o vídeo da marca. O vídeo ainda rendeu matéria na *Forbes,* no *The Wall Street Journal* e na *Wired.*

Valorização do cliente

Na outra ponta do universo de ações de RP não convencionais está a versão mais sustentável e sistemática desse canal de tração: a valorização do cliente. Valorizar o cliente significa, basicamente, tratá-lo de maneira espetacular. A meta continua sendo divulgar a marca. No entanto, mesmo que não apareça na mídia, a empresa vai ter clientes satisfeitos e uma marca mais forte e simpática aos olhos do público, o que aumenta consideravelmente a publicidade boca a boca.

Perguntamos a Alexis Ohanian, criador do Reddit e do Hipmunk, o que ele fez para o público cair de amores por essas empresas. Pouco depois da estreia do Hipmunk, um site de viagens, Alexis mandou de brinde centenas de etiquetas de identificação de bagagem, com uma nota de próprio punho, para as pessoas que tinham falado do site no Twitter.

Além de úteis, as etiquetas eram bacanas e renderam muitos tuítes e fotos de clientes não só satisfeitos, mas animados por terem a mascote da empresa, um esquilo, como companheiro de viagem. Mais tarde, o Hipmunk voltou a dar brindes (camisetas, adesivos, bilhetes escritos à mão) para demonstrar o apreço pelos clientes.

No Reddit, Alexis fez a mesma coisa. Logo no começo, distribuiu camisetas estampadas com o alienígena que é símbolo da comunidade. Enviou um e-mail a usuários agradecendo a preferência, e fez de tudo para que os primeiros "redditors" se sentissem valorizados por pertencer à comunidade. Essa ideia foi reforçada nas primeiras matérias sobre o Reddit, e o efeito na marca foi importante.

David Hauser usou uma fórmula parecida na empresa de telefonia virtual Grasshopper.com. Nos últimos anos, mandou aos clientes balas

CAPÍTULO OITO

Skittles, bolachas artesanais, vales-presente da Starbucks, livros e bilhetes escritos à mão agradecendo a preferência. Esse tipo de coisa deu tanto resultado que a Grasshopper contratou duas pessoas em tempo integral para se dedicar exclusivamente a encantar os clientes.

Outra excelente maneira de gerar publicidade e divulgação boca a boca é a promoção de concursos. A plataforma de e-commerce Shopify.com é famosa por todo ano promover o Build a Business (com prêmio de mais de US$100 mil). No ano passado, a ação rendeu 1.900 novos clientes e mais de US$3,5 milhões em vendas na plataforma.

O Dropbox também realizava uma competição, chamada Dropquest. Uma vez por ano, quem conseguisse resolver uma série de desafios virtuais era premiado com um distintivo digital, artigos da marca e espaço grátis de armazenamento pelo resto da vida. No primeiro ano, o desafio teve quase *meio milhão* de participantes.

O Hipmunk fez coisas similares, entre elas uma ação no Dia das Mães, o Mother's Day Giveaway. Para participar da promoção, o cliente tinha de dizer por que amava mais a mãe do que o Hipmunk. A empresa recebeu centenas de depoimentos pelo Twitter e mandou flores e bombons para as mães dos vencedores. Ou seja, gastando apenas US$500, fez um tremendo barulho, engrossou o número de seguidores e converteu vários clientes (e as respectivas mães) em eternos fãs do serviço.

Em outro concurso do Hipmunk, os vencedores ganharam uma passagem de avião para visitar a família no feriado do Dia de Ação de Graças. Também houve uma promoção cujo prêmio era uma versão "esquilizada" da foto de perfil do cliente no Facebook, feita por um cartunista. Resultado: o Hipmunk recebeu mais de 500 pedidos em menos de uma hora e foi notícia no *Mashable* e em vários outros blogs populares. Isso foi bom tanto para o cliente, que ganhou uma imagem engraçadinha no Facebook, como para o Hipmunk, que de novo criou um elo especial com os usuários e viu o número de fãs no Facebook subir mais de 350%.

Um bom atendimento ao cliente é coisa tão rara que, se sua empresa simplesmente se esforçar para satisfazê-lo, é provável que ele saia falando maravilhas de seu produto. A Zappos é um dos exemplos mais famosos de atendimento espetacular.

A empresa faz de tudo para criar a melhor experiência possível para o cliente, sobretudo na hora do atendimento, que ela considera um investimento em marketing, o que tem implicações interessantes. Lá, quando uma chamada ao atendimento no call center dura muito, por exemplo, o fato não é visto como negativo, pois pode significar que o atendente está tomando o tempo necessário para prestar um serviço excepcional.

O pessoal de atendimento da Zappos tenta ajudar no que é possível: na devolução de um produto, no pedido de uma pizza ou até na troca de roupas de ginástica por uma fritadeira elétrica (exemplo verídico). Com políticas como entrega grátis no dia seguinte e devolução também grátis, esse foco na satisfação do cliente tornou a Zappos famosa entre o público, que raramente recebe esse tratamento de empresas de grande porte.

Case: David Hauser

O retorno do investimento em táticas de RP não convencionais pode ser espetacular. Com uma verba de US$70 mil e a contratação de duas pessoas, a Half.com foi assunto em centenas de matérias e conseguiu mais de 40 milhões de impressões. O Dollar Shave Club adquiriu mais de 12 mil clientes com um vídeo pequeno que custou US$5 mil. O Hipmunk recebeu milhares de curtidas no Facebook com um concurso para desenhar um esquilo gastando US$500. As vendas da Blendtec subiram mais de 500% graças à série "Will It Blend?".

David Hauser contou como ele e a equipe relançaram sua startup com a marca Grasshopper.com. Em vez de soltar o típico comunicado de imprensa, decidiram mandar gafanhotos (em inglês, *grasshoppers*) recobertos de chocolate para 5.000 pessoas influentes!

CAPÍTULO OITO

Com cada brinde, ia um link para um vídeo curto que mostrava como um empreendedor pode mudar o mundo.

Essa campanha entrou na pauta de grandes veículos de comunicação, como a Fox News, e foi tema de tuítes de Guy Kawasaki e Kevin Rose, dois empreendedores que, juntos, têm milhões de seguidores no Twitter. Por US$65 mil, a Grasshopper virou uma marca reconhecida entre empreendedores (seu público-alvo). Teve grande cobertura na mídia, criou um vídeo no YouTube visto mais de 200 mil vezes, foi mencionada em mais de 150 posts em blogs e viu o número de visitantes trazidos pelo Twitter e pelo Facebook subir mais de 3.000%.

Assim como o golpe de publicidade da Half.com, a campanha Grasshopper 5000 foi fruto de um longo brainstorming e de um meticuloso planejamento. Devido ao sucesso, a equipe decidiu continuar usando RP não convencionais como um de seus principais canais.

Dessa maneira, David e companhia repetiram a proeza com outra ação. Quando perceberam que não havia muitos vídeos virais sobre startups e empreendedores, fizeram uma paródia do hit "Empire State of Mind", de Jay-Z e Alicia Keys, com um vídeo chamado "The New Dork".

O vídeo teve mais de 1 milhão de visualizações e foi comentado por Ashton Kutcher, *Mashable* e *TechCrunch*. O time da Grasshopper salpicou a letra da canção de referências a nomes populares do meio digital, como a plataforma *Mashable*. Quando o vídeo saiu, eles mandaram um aviso a quem aparecia e em que trecho, incentivando todos a falar do material e, com isso, dar mais exposição à Grasshopper.

A equipe da Chargify, outra startup de David, promoveu um golpe de publicidade na popular feira SXSW. Em vez de desembolsar o que um patrocinador normalmente gasta (algo entre US$10 mil e US$15 mil), pagou US$3 mil para um sujeito fantasiado de mascote da marca — um touro verde — circular pelo local e divulgar a empresa.

Antes da feira, praticamente ninguém tinha ouvido falar da Chargify. Depois que o touro verde distribuiu *high fives,* deu cambalhotas, pilotou um Corvette e acabou expulso do centro de convenções, a empresa conquistou centenas de clientes e uma awareness (consciência da marca) muito maior.

É claro que nem tudo o que o time de David fez deu certo.

Uma promoção que a empresa chamou de March Madness, por exemplo, foi um fiasco. Em outra ocasião, eles ofereceram brindes que ninguém quis. Já tentaram criar vídeos de gafanhotos dançando e fizeram muito mais coisas que simplesmente não vingaram. Entretanto, até com esses micos, usar o canal valeu a pena. David contou que a maioria da verba de marketing deles vai para esse tipo de ação não convencional feita para gerar buzz.

Metas

- **Faça algo espalhafatoso, barato, divertido e original.** Golpe de publicidade é tudo aquilo que se faz para a empresa aparecer na mídia. Embora seja difícil acertar sempre, uma ação dessas, se bem executada, pode mover o ponteiro de tração da empresa. E, para funcionar, tem de ser criativa e fora de série. Concursos e vídeos virais são bem populares e costumam dar resultados.

- **Encante o cliente — e aguarde a recompensa.** Brindes, desafios e um atendimento de primeira são boas formas de mostrar apreço pelo cliente. Quem se destaca com esse tipo de ação pode usar RP não convencionais por longos períodos.

- **Aceite os erros.** Nesse canal, o sucesso é imprevisível. É preciso ter um processo definido para gerar e filtrar ideias, mas também entender que nem toda ideia será um sucesso.

CAPÍTULO NOVE

SEARCH ENGINE MARKETING (SEM) OU MARKETING EM BUSCADORES

Quando falamos de Search Engine Marketing (SEM), estamos nos referindo à publicidade em buscadores como o Google — cuja plataforma, o AdWords, fatura mais de US$100 milhões *por dia*. Às vezes, a expressão também inclui a otimização para buscadores (SEO, na sigla em inglês), canal que discutiremos separadamente. Neste capítulo, vamos tratar só de busca paga, ou links patrocinados.

Nessa modalidade, o anunciante paga para vincular seu anúncio a palavras usadas nas pesquisas. Quando alguém busca "sapatos de couro", por exemplo, uma loja de calçados faria um lance para exibir seu anúncio ao lado ou acima dos resultados orgânicos da pesquisa. Essa modalidade também é chamada de "pagamento por clique" (PPC), pois a empresa só paga quando um usuário clica no anúncio.

O SEM é bom para empresas que vendem diretamente ao público-alvo, pois a publicidade chega a pessoas que já estão pesquisando sobre o assunto.

Antes de avançarmos, é preciso entender alguns termos básicos do SEM:

- **Click-through rate (CTR ou taxa de cliques):** é a proporção entre o número de pessoas que clicam no anúncio e o daquelas que o visualizam. Se três pessoas clicam no anúncio entre 100 que o visualizam, a CTR é de 3% (3/100).

- **Custo por clique (CPC):** é o valor pago para comprar um clique em um anúncio — a quantia máxima que você está disposto a pagar para levar um potencial cliente a seu site.

- **Custo por aquisição (CPA):** indica quanto custa adquirir um *cliente,* e não só um clique. Digamos que você pague R$1 por clique e que 10% daqueles que entram em seu site depois de clicar no anúncio compram alguma coisa. Seu CPA, nesse caso, é de R$10:

CPA = R$ 1/10% = R$10

Ou seja, você está gastando R$10 para adquirir um cliente.

Nessa equação, 10% é a *taxa de conversão:* a porcentagem de indivíduos que fazem o que você deseja (nesse exemplo, efetuar uma compra).

No caso específico de links patrocinados, usa-se a seguinte fórmula para calcular essa métrica:

CPA = CPC/taxa de conversão

Case: Inflection

Conversamos com Matthew Monahan, CEO e um dos fundadores da Inflection, empresa que chegou a gastar uma cifra de seis dígitos *por mês* com SEM. A Inflection criou o Archives.com, site de genealogia que depois foi comprado pelo Ancestry.com por US$100 milhões.

CAPÍTULO NOVE

O que a tecnologia da Inflection faz é agregar e organizar bilhões de dados de caráter público. A empresa decidiu experimentar o SEM porque, já que a resposta do mercado pode ser rápida, daria para o time colocar uma variedade de recursos e mensagens à prova. É como disse Matthew:

> Uma das coisas que eu gostaria de enfatizar aqui é como o SEM é interessante para conseguir dados sobre o cliente de maneira controlada e previsível logo no início. Gastando US$5 mil (ou US$1.000, ou US$500) em uma campanha publicitária, é possível conseguir uma base inicial de clientes e usuários. Isso traz uma série de informações muito importantes em termos de métricas básicas: taxa de conversão de landing pages, se a captura por e-mail está funcionando ou não (...), se você estiver vendendo um produto, qual o custo médio por cliente e qual seu valor vitalício. Essas métricas iniciais são fundamentais para embasar a estratégia dali em diante e definir o que exige mais atenção.

O Archives.com usou o AdWords para atrair tráfego para as landing pages *antes* de investir pesado para criar um produto. Cada landing page foi projetada para testar o interesse por determinada abordagem. Por exemplo, uma delas vendia "acesso a dados públicos do censo"; outra oferecia "acesso à árvore genealógica da família" do interessado. Ao medir a CTR de cada anúncio e a conversão nas respectivas landing pages, foi possível descobrir que recursos do produto eram mais interessantes para potenciais clientes e quanto essas pessoas aceitariam pagar por isso. Nas palavras de Matthew:

> A ideia era conseguir o máximo de informação gastando o mínimo possível. O que fizemos foi testar segmentos de palavras-chave distintos, hipóteses diferentes. Uma das primeiras que testamos, por exemplo, foi se a pessoa queria criar uma árvore genealógica para encontrar o maior número possível de antepassados. Aqui, nossas dúvidas eram: "Devemos criar um produto capaz de revelar centenas e centenas de antepassados ou algo que permita à pessoa retroceder o máximo possível e traçar uma árvore genealógica até o século XIII, por exemplo? Ou será que as pessoas estão mais interessadas em descobrir se têm

parentesco com uma celebridade ou com um personagem histórico, e então devemos nos concentrar mais nessas árvores genealógicas e nessas linhagens?"

Tal abordagem mostra a vantagem de buscar tração e desenvolver o produto paralelamente. Esses testes deram ao site uma ideia clara daquilo que o público queria. Quando finalmente criaram o produto, o resultado foi algo que eles *sabiam* — e não só *achavam* — que o mercado queria.

Em poucas semanas, a campanha inicial de SEM do Archives.com já havia se pagado. Ou seja, o CPA e o que se ganhava com cada cliente eram aproximadamente iguais. Como os resultados iniciais foram tão positivos — e isso sem otimizar landing pages e fluxos de sign-up —, o time viu que o SEM seria um ótimo canal para o site. E foi mesmo: o Archives.com cresceu basicamente com a busca paga, dedicando vários funcionários e mais de US$100 mil por mês à aquisição de clientes por esse canal.

Estratégia de SEM

No processo básico de SEM, a empresa define palavras-chave de alto potencial, reúne todas em grupos de anúncios e, em seguida, testa diferentes textos e landing pages para cada um desses grupos. À medida que os dados vão chegando, a empresa descarta anúncios e landing pages que não deram resultado e faz ajustes nos que exibiram melhor desempenho para continuar melhorando os resultados.

O Google AdWords é a principal plataforma de SEM porque o Google é o buscador com mais tráfego. No entanto, também vale a pena considerar o Bing Ads (cujos anúncios saem nos buscadores Yahoo!, Bing e DuckDuckGo). Embora o foco aqui seja a plataforma do Google, tudo o que for dito se aplica igualmente às demais plataformas de SEM.

A pesquisa por palavra-chave é o primeiro componente de uma boa estratégia de SEM. Com o planejador de palavras-chave do Google, é possível saber quais são os principais termos usados pelo público visado para encontrar um produto como o seu. Quando uma palavra-chave é digitada no planejador, a ferramenta informa com que frequência ela (e termos similares) aparece em buscas. Já ferramentas como KeywordSpy, SEMrush e SpyFu revelam que palavras-chave os concorrentes estão usando para atrair clientes.

Para filtrar ainda mais a lista de palavras-chave, é possível acrescentar outros termos à keyword geral, criando as chamadas "palavras-chave de cauda longa" ("long tail keywords"). Por exemplo, para tornar uma busca por "dados do censo" mais específica, seria possível acrescentar a keyword "1990", formando "dados do censo de 1990", ou algo ainda mais long tail, como "dados do censo da Filadélfia de 1990". Palavras-chave de cauda longa são menos competitivas, e o volume de buscas por elas é menor, o que faz com que sejam ideais para testes com pequenos grupos de clientes.

É preciso lembrar que, quanto mais disputadas as palavras-chave, maior será o custo do SEM. Daí ser importante escolher palavras-chave com taxas de conversão positivas.

Uma vez definidas as palavras-chave, é hora de iniciar testes na plataforma do Google AdWords. Não vá esperando que a campanha seja rentável logo de cara. Agora, se fizer uma campanha que depois de pouco tempo já esteja se pagando (como aconteceu com a Inflection), é bem provável que o SEM seja um excelente canal para seu negócio.

Uma campanha é uma série de anúncios pensados para cumprir um objetivo geral, como vender sapatos. O primeiro passo é criar grupos distintos de anúncios. Uma loja online, por exemplo, pode criar um grupo de anúncios para cada tipo de produto (tênis, digamos). O passo seguinte é determinar com que palavras-chave cada grupo de anúncios deve aparecer ("tênis Nike", por exemplo).

Depois de definir os grupos de anúncios e as respectivas palavras-chave, cria-se o anúncio em si. É preciso bolar um título chamativo, interessante e relevante para as palavras-chave às quais está associado. Também é importante repetir a keyword pelo menos uma vez no texto do anúncio. Por último, é boa ideia concluir com um CTA ("call to action") bem visível — algo como "Tênis Nike em promoção. Confira!".

Quando os anúncios estiverem prontos, use o criador de URLs do Google Analytics para gerar um endereço para cada landing page. Assim, será possível verificar que anúncios estão gerando conversão, e não só recebendo o maior número de cliques.

Na opinião de Matthew, quem estiver usando esse canal pela primeira vez deve começar testando uns quatro anúncios — não mais. Com quatro anúncios dá não só para ter uma boa noção do desempenho geral do SEM, mas também testar diferentes mensagens, públicos e landing pages.

Se os resultados de um teste forem promissores, o certo é seguir otimizando a campanha até que se torne rentável. Criar uma campanha escalável de SEM pode levar um bom tempo, pois são muitas as variáveis a testar: palavras-chave, texto do anúncio, perfil demográfico, landing pages, CPC e por aí vai. Essa complexidade, no entanto, pode agir a seu favor. À medida que cada componente da estratégia de SEM vai sendo testado e otimizado, podem surgir oportunidades para ganhos imensos. É como disse Matthew na entrevista:

> Acho que é uma enorme vantagem competitiva. É que, ainda que na hora possa parecer um pequeno ajuste ou incremento, estamos falando de um grande salto no negócio. Digamos que uma palavra-chave custe 15 centavos e que, para cada clique em sua página, você consiga ganhar 13 centavos. Se escalar isso, não é um bom negócio. Já se melhorar (...) e subir esses 13 centavos para 16, imediatamente a coisa passa a ser mais sustentável. E, se passar de 16 para 20 centavos, estamos falando de uma margem de lucro de 25% em termos de vendas menos marketing.
>
> Ou seja, um avanço pequeno, de 13 para 20 centavos, é basicamente um ganho de 50%, mas muda radicalmente sua capacidade de anunciar e de escalar o negócio. E é possível conseguir esses 50% com a otimização de cada um desses fatores.

CAPÍTULO NOVE

Ferramentas como Optimizely e Visual Website Optimizer ajudam a fazer testes A/B com landing pages. Quando perguntamos a Matthew se a abordagem de SEM que ele descreveu ainda servia quando o mercado da Inflection ficou mais concorrido, a resposta foi:

> Os conceitos básicos de pesquisa de palavras-chave, investigação de mercado, testes A/B, testes de anúncios, controle do orçamento, tentar chegar o mais perto possível do breakeven (ponto de equilíbrio), ir aprendendo (...). Acho que tudo isso ainda vale. Com certeza vale à medida que criamos novos segmentos de palavras-chave. Essa parte do conselho não muda, ainda que a dinâmica seja mais competitiva.

Cada anúncio e grupo de anúncios — bem como sua conta geral no Google AdWords — tem um índice de qualidade. Essa avaliação indica se os anúncios estão atraindo o público e computa muitos fatores, desde a CTR até o tempo que as pessoas permanecem em seu site depois de ver o anúncio.

Um índice de qualidade alto pode garantir um posicionamento melhor para o anúncio e um preço melhor — e é um jeito de o Google recompensar o anunciante pela qualidade da publicidade.

O que mais influencia o índice de qualidade é, de longe, a CTR (de novo, a click-through rate, a taxa de cliques). Uma vez que a relevância do anúncio para determinada palavra-chave exerce o maior impacto na CTR, é preciso adaptar o anúncio às keywords com as quais vai aparecer, seja de maneira manual ou dinâmica (usando, por exemplo, o recurso de inserção dinâmica de palavras-chave do AdWords).

Várias pessoas que ouvimos disseram que a CTR média para uma campanha do AdWords é de cerca de 2% e que o Google dá um índice de qualidade baixo a anúncios com CTR inferior a 1,5%. Se uma keyword estiver registrando uma CTR tão baixa, refaça o anúncio, teste-o com outro público ou simplesmente pare de usá-lo.

Para a Inflection, ter um índice de qualidade alto é prioridade, pois isso não só dá uma vantagem em relação a empresas menos estabelecidas, como também deixa mais espaço para otimizar anúncios e taxas de conversão.

Táticas de SEM

Quando sua campanha de marketing em buscadores já estiver dando resultados, é hora de começar a explorar ferramentas e recursos mais avançados.

No Google, há a opção de anunciar na Rede de Pesquisa (SEM tradicional, pago), na Rede de Display (anúncios em sites que não pertencem ao Google) ou em ambas. Para quem está começando ou só testando esse canal de tração, anunciar na Rede de Display pode ser mais complicado. Uma vez que sua campanha esteja dando lucro, no entanto, vale a pena pensar em lançá-la também na Rede de Display, que inclui milhões de outros sites que exibem anúncios do Google AdWords.

Outra ideia a considerar é lançar mão de uma campanha de remarketing no Google AdWords ou em alguma outra plataforma, como AdRoll ou Perfect Audience, para atrair de volta quem já entrou em sua página. Com o remarketing, seu anúncio será exibido à pessoa que visitou seu site antes enquanto ela navega pela internet. Em geral, esses anúncios têm uma taxa mais elevada de conversão, pois são dirigidos a um público que já passou por seu site ao menos uma vez.

Digamos que uma cliente tenha colocado um par de tênis Nike no carrinho de compras em sua loja virtual e saído sem finalizar a compra. Com o remarketing, dá para exibir à cliente um anúncio daquele modelo de calçado. É a personalização que torna essa publicidade tão eficaz — com CTRs de três a dez vezes maiores, em geral.

É bom saber, entretanto, que, dependendo dos dados usados para o remarketing, certas pessoas acham a prática no mínimo invasiva. Cada vez mais pessoas ficam incomodadas por serem perseguidas por anúncios internet afora, sobretudo os ligados a temas que consideram pessoais ou privados.

Outra ferramenta avançada é o otimizador de conversões do Google, que analisa seu histórico de conversões e ajusta automaticamente os anúncios para melhorar os resultados. Quando a campanha já estiver no ar há certo tempo, essa ferramenta pode ajudar a melhorar o CPA e a segmentação por palavras-chave. Se resolver usar o otimizador de conversões, saiba que pode demorar um pouco para que o Google crie um bom algoritmo de previsão para sua campanha.

Dá até para usar as chamadas palavras-chave negativas para evitar que o anúncio apareça com certos termos, e cabe a você indicar que keywords são essas. Vamos ver um exemplo em inglês: se estiver vendendo óculos ("eyeglasses"), você *não* vai querer que seu anúncio apareça para quem está buscando "wine glasses" (taças) ou "drinking glasses" (copos), pois a conversão vai ser péssima. Fazer isso pode melhorar consideravelmente sua CTR.

Uma tática mais avançada é usar scripts para automatizar a gestão dos anúncios — tanto para configurar novos anúncios para certas palavras-chave como para alterar anúncios atuais. Um script é particularmente útil quando há muitos anúncios ou palavras-chave envolvidos.

Se ainda não estiver escalando a campanha ou apostando pesado nesse canal de tração, é prematuro usar táticas avançadas como essas. Nossa sugestão, porém, é que todos façam algum teste com SEM, pois é simples e barato — e pode render informações rápidas sobre o negócio.

Metas

- **Use anúncios em buscadores para testar a mensagem e o posicionamento do produto** (antes mesmo que ele esteja pronto). Não espere que os primeiros testes com SEM já deem lucro. Agora, se em poucas semanas sua campanha publicitária já estiver quase perto do breakeven, é possível que o SEM seja o canal de tração certo para seu caso. E mais: quatro anúncios bastam para uma campanha de teste.

- **Monitore conversões para testar a rentabilidade das variáveis do SEM.** É preciso testar coisas como palavras-chave, texto do anúncio, perfil demográfico, landing pages e lances de CPC. Custo por aquisição (CPA) é o valor gasto para adquirir um cliente e, em última análise, é o critério de avaliação.

- **Use palavras-chave mais longas.** As palavras-chave de cauda longa são, em geral, menos competitivas, pois o volume de buscas é menor. Por isso são mais baratas e, portanto, podem ser mais rentáveis. Talvez seja preciso juntar várias para conseguir um volume que faça o ponteiro de tração avançar.

- **Fique de olho no índice de qualidade do anúncio.** Um índice de qualidade alto garante ao anúncio tanto posicionamento como preço melhores. Aqui, o fator de maior peso é a CTR.

CAPÍTULO DEZ

SOCIAL ADS E DISPLAY ADS

Social ads são os anúncios veiculados nas redes sociais, que aparecem no meio ou nas laterais da linha do tempo do Facebook ou do Twitter, por exemplo; display ads — ou anúncios online —, aqueles banners que vemos em sites por toda a internet.

Empresas bilionárias como Rolex e American Apparel gastam milhões todo ano com social ads e display ads para manter suas marcas presentes na mente do consumidor. Esse é um dos maiores canais de tração, com empresas gastando mais de US$15 bilhões por ano nesse tipo de mídia.

Em geral, grandes campanhas de publicidade são usadas para promover a marca e gerar awareness (consciência da marca) — como na publicidade tradicional, offline. Esse tipo de publicidade também pode gerar uma ação direta, como o cadastro para receber uma newsletter ou a compra de um produto.

Os social ads estão evoluindo depressa e sendo utilizados para diversas finalidades, incluindo branding e resposta direta. São especialmente úteis para criar um público, interagir com ele ao longo do tempo e, a certa altura, converter esses indivíduos em clientes.

Display ads ou anúncios online

A maior parte dos display ads é distribuída por redes de publicidade — as "ad networks" — que agrupam o inventário publicitário de milhares de sites (blogs, comunidades, veículos de comunicação etc.) e vendem esse espaço para anunciantes. Para quem anuncia, a vantagem é poder comprar anúncios em vários sites por meio de uma única plataforma. Já para quem publica, é interessante poder trabalhar com um único parceiro para monetizar seu conteúdo.

As maiores redes de publicidade são Google's Display Network (também conhecida como Google Content Network), Advertising.com (pertencente à AOL), Tribal Fusion, Conversant e Adblade. Cada uma delas tem recursos de segmentação que dão acesso a públicos de perfil demográfico específico e permitem anúncios em diferentes formatos (texto, imagem, vídeo, interativo).

Essas redes são *gigantescas*. Só a do Google tem mais de 4 *bilhões* de visualizações por dia e 700 *milhões* de visitantes por mês, alcançando mais de 80% do público *total* na internet. Mike Colella, criador da empresa de inteligência publicitária Adbeat, explica por que os display ads podem ter um público maior do que as campanhas de SEM:

> O interessante dos display ads é que a pessoa não precisa estar diretamente interessada naquilo que seu produto oferece para ficar sabendo dele. Se estiver vendendo algo para perda de peso, por exemplo, não é preciso usar, na campanha de display, termos ligados à perda de peso. É possível utilizar termos relacionados a nutrição ou a carboidratos, pois você sabe que, se alguém começa a ler sobre essas coisas, é porque está querendo manter ou perder peso.

Há redes de nicho que agregam sites menores voltados para públicos bem específicos, como pessoas que gostam de cães ou são fanáticas pela Apple. Uma delas é a The Deck, cujo público-alvo são profissionais de criação do meio digital. Como anunciante, você sabe exatamente para qual público está falando.

Outra rede, a BuySellAds, oferece uma plataforma self-service na qual anunciantes compram espaço diretamente de editores de conteúdo. Além de trabalhar na compra e venda de publicidade, a BuySellAds permite ao anunciante adquirir espaço em sites mobile, contas do Twitter, aplicativos de celular, newsletters por e-mail e feeds RSS. Graças à flexibilidade e ao baixo custo inicial, a BuySellAds é um bom ponto de partida para testar esse canal de tração.

Para encerrar, uma sugestão bastante simples: entrar diretamente em contato com os donos do site e dizer que gostaria de anunciar ali por um valor fixo. Isso funciona bem para quem quer atingir o público de um site pequeno que nem anúncios roda. Essa abordagem exige apenas uma breve troca de e-mails e é barata.

Antes de começar a fazer display ads, você precisa entender que formato de anúncio dá resultado em seu setor. Ferramentas como MixRank e Adbeat mostram anúncios que a concorrência está fazendo e onde aparecem. Já Alexa e Quantcast podem ajudar a descobrir quem visita sites que exibem anúncios dos concorrentes. Isso feito, é possível determinar se o público de um site é adequado ou não para seu caso.

Social ads ou anúncios em redes sociais

Os social ads são particularmente bons para despertar o interesse de potenciais clientes. Quem vê um anúncio desses pode não ter a intenção de comprar no momento ou nem sequer conhecer sua empresa ou produto. Mas não importa. A publicidade em redes sociais é direcionada para a marca conhecida, não para conversão. A compra vai ocorrer mais adiante.

Falamos com Nikhil Sethi, CEO e um dos criadores da plataforma de social ads Adaptly. Queríamos saber como um empreendedor pode usar a publicidade em redes sociais para ganhar tração. A Adaptly tem uma plataforma única para gerenciar e veicular social ads em vários sites. Nikhil discorreu sobre o conceito de resposta indireta (em oposição à resposta direta) na publicidade social:

No contexto social, estamos falando de "resposta indireta". A finalidade ainda é a venda, a instalação, a inscrição ou o que quer que seja, mas a metodologia para chegar lá é outra.

Em vez de analisar cada clique e como ele converte, na resposta indireta pensamos: "Vamos criar um ambiente no contexto social voltado para o produto ou serviço específico que estamos oferecendo, criar afinidade, criar fidelidade ali e, então, conduzir essa audiência para algum elemento de conversão que vai entrar em cena em um momento posterior."

A abordagem de Nikhil pode parecer contraintuitiva. Em vez de focar diretamente a venda do produto (acompanhando CTRs, conversões para compra), ele acha que a publicidade social dá mais resultado quando tira partido das características únicas de plataformas sociais para criar um público. Somente depois disso é que a empresa conduziria os prospects para a conversão — seja pela compra, pelo uso ou pelo compartilhamento do produto.

O valor de criar um público por meio de social ads é maior do que se supõe. A CareOne, empresa de consolidação de dívidas, fez um estudo em 2011 comparando os clientes que recebia de social ads com os que vinham de outros canais. Veja o que descobriu:

> Contatos em redes sociais preencheram o formulário de consulta (geração de leads) a uma taxa 179% maior do que os clientes típicos. Vendas? A probabilidade de que fizessem um primeiro pagamento foi 217% maior. No caso de um problema específico (gente que deixou o formulário de cadastro apenas parcialmente preenchido), prospects de redes sociais voltaram e terminaram de preencher o formulário 680% mais vezes do que leads de outras fontes. E a taxa à qual efetuaram o primeiro pagamento foi 732% melhor.

As pessoas frequentam redes sociais para passar o tempo e interagir, não para ver anúncios. Uma estratégia eficaz de publicidade social tira partido dessa realidade. Social ads dão à empresa a oportunidade de

CAPÍTULO DEZ

iniciar uma conversa sobre seus produtos com membros do público visado.

Uma forma de abrir esse diálogo é produzir conteúdo interessante. Em vez de direcionar a pessoa para uma página de conversão, leve esse prospect a um conteúdo que explique por que você criou seu produto e qual é sua missão ou que tenha algum outro propósito que não o de fechar imediatamente uma venda. Como nos disse Nikhil, é aqui que a publicidade social pode ser extremamente eficaz:

> Se você tiver um conteúdo com alto alcance orgânico e reforçar isso com publicidade paga, o efeito é espetacular. Quanto mais pessoas virem seu conteúdo, mais e mais vão interagir com ele — porque é um conteúdo melhor (...). O resultado da publicidade paga é função, basicamente, da qualidade do conteúdo, e o resultado do conteúdo é função de quantas pessoas realmente o veem.
>
> Um conteúdo só surte algum efeito se as pessoas gostarem dele (...). No meio social, o boca a boca é turbinado. Você só deve gastar dinheiro com publicidade social se constatar que uma mensagem sua começou a pegar fogo e quiser atiçar esse fogo. E fazer aparecer essa faísca vai depender do que está tentando dizer: startups fazem o oposto disso o tempo todo, jogando milhares de dólares no lixo tentando difundir uma mensagem na qual ninguém está interessado.
>
> Nas plataformas sociais, a responsabilidade pelo sucesso é do anunciante, não da plataforma.

Se você gastou tempo e energia para produzir um conteúdo de qualidade, faz sentido investir um pouco para garantir que a distribuição do material seja ampla. A Airbrake — uma das empresas nas quais Justin esteve a cargo do crescimento — usou o Twitter e o Facebook com essa finalidade. Em um caso, depois de gastar só US$15 em publicidade no Twitter, a empresa recebeu centenas de retuítes orgânicos, dezenas de curtidas no Facebook, dois links no Reddit e no *Hacker News* e, no total, dezenas de milhares de visitas a seu site. Ou seja, uma modesta promoção paga deflagrou uma onda de interação orgânica com o conteúdo (no caso, uma entrevista com o CTO da Stripe).

Essa tática também funciona bem com redes de distribuição de conteúdo, como Outbrain e Sharethrough — ad networks que promovem conteúdo próprio em centenas de sites parceiros populares, como *Forbes, Thought Catalog, Vice* e *Gothamist*. Essas plataformas de publicidade nativa deixam seu material com a cara de qualquer outro conteúdo (nativo) do site em questão.

Criar experiências sociais participativas é outra maneira de arrasar nas redes sociais. A loja de óculos Warby Parker mandou bem aí. Sua tática é enviar óculos pelo correio aos clientes e deixá-los experimentar todos em casa para que devolvam o que não quiserem, sem custo algum. A empresa incentiva os clientes a postar fotos com as armações em redes sociais para ouvir a opinião de outras pessoas. É um processo bacana, útil e participativo.

Principais redes sociais

Veja, a seguir, um punhado de redes sociais bem conhecidas para quem quer anunciar:

LinkedIn: reúne mais de 250 milhões de profissionais de tudo quanto é área. Um anúncio no LinkedIn pode ser segmentado por cargo, empresa, setor e outras informações relevantes — algo que não é tão simples em outras redes.

Twitter: também tem cerca de 250 milhões de usuários. Nessa rede, a publicidade aparece na forma de tuítes patrocinados no feed da pessoa. Nikhil, da Adaptly, explicou que uma das melhores táticas no Twitter é veicular publicidade paga durante acontecimentos em tempo real que interessam a seu público (anúncios de roupas esportivas durante competições importantes, por exemplo).

Facebook: tem mais de 1 bilhão de usuários ativos. Do ponto de vista da publicidade, a plataforma dá às empresas a possibilidade de comprar anúncios segmentados com base nos interesses da pessoa, nas páginas que ela curte ou até nos amigos com quem está conectada. Essa segmentação granular permite o acesso a nichos de usuários bem pequenos. Gabriel, aliás, já testou uma campanha apenas com a própria mulher! Para ver quanto tempo levaria para que o anúncio aparecesse para ela, especificou a universidade, o CEP, os principais interesses e até uma foto do filho deles; não demorou muito.

A plataforma também possibilita que a empresa alcance mais pessoas que estejam conectadas a seus fãs no Facebook. É como disse Nikhil:

> Quando compra um anúncio no Facebook, você está comprando mais do que um fã específico; está comprando a oportunidade de acessar o gráfico social daquele fã. Com os incentivos certos, um fã vai compartilhar e recomendar sua marca para os amigos dele.

StumbleUpon: com mais de 25 milhões de "stumblers", a plataforma tem uma ampla base de usuários em busca de conteúdo de qualidade. Uma coisa interessante é que nessa rede a publicidade não fica em volta do conteúdo — *ela faz parte* dele. Quando clica no botão "Stumble", a pessoa é direcionada a um conteúdo pago que parece qualquer outro site na internet.

O lado ruim do tráfego do StumbleUpon é que é difícil segurar os usuários ali. Já que a maioria tende a sair de uma página com a mesma rapidez com que entrou, é preciso despertar o interesse da pessoa imediatamente. Postagens em blogs, infográficos e vídeos podem dar bom resultado nessa rede.

Foursquare: com mais de 45 milhões de usuários, é a maior rede social ligada à localização. Um anúncio no Foursquare pode surtir efeito se a ideia for atingir uma população local específica. Sua plataforma de publicidade está em plena evolução, mas no momento permite a exibição de anúncios hipersegmentados em locais específicos ou para pessoas que estiveram ali ou em lugares parecidos.

Tumblr: a ideia do Tumblr é ajudar seus mais de 100 milhões de usuários a descobrir conteúdo de qualidade. Em sua plataforma de publicidade, dá para criar e promover posts patrocinados, que os usuários podem reblogar e comentar.

Reddit: com mais de 5 bilhões de pageviews mensais e uma plataforma com mais de 175 milhões de acessos únicos por mês, é um dos sites de conteúdo mais populares do mundo. Ali, a publicidade pode ser um link patrocinado no alto da página ou um anúncio patrocinado na barra lateral. No entanto, a publicidade que mais dá certo no Reddit é a do tipo polêmica ou engraçadinha, pois incentiva os "redditors" (como são chamados os usuários do site) a deixar comentários e a "upvote" ou "downvote" como se fosse qualquer outro conteúdo no site.

O anunciante inteligente foca comunidades (há mais de meio milhão delas) relevantes para seu produto e dialoga com todo mundo que deixa um comentário no anúncio. Sendo uma plataforma de comunidades virtuais, a rede Reddit é imensa. Procurando uma comunidade de fanáticos por bacon ou de gamers gays? Pois no Reddit há ambas (r/bacon e r/gaymers, respectivamente).

YouTube: com mais de 1 bilhão de visitantes únicos por mês assistindo a mais de 4 bilhões de horas de vídeo, é, de longe, o maior site de vídeos do mundo. Nessa plataforma, um anúncio pode ser exibido antes que um vídeo comece (o chamado "pre-roll") ou no formato de banner em algum lugar da tela.

Outros: há muitos outros sites importantes para a exibição de social ads — *BuzzFeed,* Scribd, SlideShare, Pinterest etc. Como são mais recentes, anunciar neles e em sites ainda mais novos pode representar uma oportunidade única na busca por crescimento.

Social ads e display ads seguem princípios parecidos: é preciso entender o público, testar bem a mensagem e chegar às pessoas de um jeito que chame a atenção. Eles podem fazer sentido em qualquer fase do produto, pois não importa o tamanho do investimento.

Metas

- **Para display ads, faça contato direto com sites pequenos.** Diga que gostaria de exibir sua publicidade por uma pequena taxa. Essa é uma estratégia subutilizada, sobretudo na fase inicial. Estude a publicidade da concorrência para saber que testes A/B fazer com seus anúncios.

- **Use social ads para tornar o produto conhecido e gerar demanda,** A meta, aqui, é criar um público, interagir com ele e, depois de um tempo, tentar converter esses indivíduos em clientes. Essa estratégia de resposta indireta em geral produz mais conversões do que a de resposta direta, que busca a conversão imediata.

- **Crie um conteúdo social interessante.** A melhor maneira de estabelecer presença em redes sociais e engajar o público é criar menos conteúdo, mas altamente compartilhável. Esse conteúdo só deve receber o reforço de social ads quando já estiver sendo naturalmente compartilhado.

CAPÍTULO ONZE

ANÚNCIOS OFFLINE

De modo geral, ainda se gasta mais com publicidade em mídias tradicionais do que nas digitais. Publicidade offline é aquela veiculada em diferentes mídias, como TV, rádio, revistas, jornais, páginas amarelas, outdoors e mala direta. Tais veículos se prestam a campanhas locais e até nacionais — a escala pode variar muito nesses formatos. Esse tipo de publicidade é usado tanto por grandes anunciantes, como o Walmart, quanto por adolescentes em busca de uma grana oferecendo serviços de babysitter na vizinhança.

A composição demográfica do público de cada uma dessas mídias é o fator mais importante a considerar na hora de comprar publicidade offline. Anúncios na seção de classificados de um jornal, por exemplo, vão pegar sobretudo um público mais velho, que ainda compra jornal. Por isso a importância de pensar em fatores como localização, sexo, etnia, faixa etária, renda e ocupação e na relação de cada um deles com seu público-alvo.

Para conseguir essas informações e saber qual o perfil do público, é preciso pedir o "kit de mídia" da empresa que está vendendo os anúncios. No caso de outdoors, por exemplo, esse material vai incluir dados demográficos consolidados da região de instalação do outdoor, quantas pessoas por dia transitam por ali e alguma noção de quem são essas pessoas.

Com muitas empresas de mídia offline, é possível definir não só o perfil demográfico, mas também o mindset do consumidor que será abordado. Nesse caso, é importante saber o grau de sensibilidade do público a cada tipo de mídia. Pessoas de determinada região que leem uma publicação local de arte têm uma sensibilidade completamente diferente das que ouvem uma rádio popular na mesma região.

Uma excelente maneira de descobrir qual é a melhor mídia para anunciar offline é perguntar ao próprio público-alvo. Que revistas lê? Que estação de rádio ouve? Onde foi que viu um anúncio que o marcou?

Estratégia de anúncios offline

Em geral, o custo de um anúncio offline depende da visibilidade que ele terá. Um outdoor na Times Square é bem mais caro do que um similar em uma cidade do interior, pelo simples fato de ser visto por muito mais pessoas. O mesmo vale para a maior parte da publicidade offline.

Graças à grande variedade da mídia offline disponível, é possível dimensionar o gasto com publicidade de acordo com sua verba e a fase do produto. Você não sabe ao certo se anúncios em revistas serão um bom canal no seu caso? Faça um teste com um anúncio pequeno em uma publicação de nicho. Quer saber se jornais chegam bem a seu público? Coloque um punhado de anúncios em um jornal local. Pela bagatela de US$300 você pode anunciar em uma rádio que alcança um mercado de seu interesse e ver se dá resultado. O mesmo vale para outdoors: é possível anunciar nessa mídia gastando relativamente pouco (algumas centenas de dólares) por mês.

Se você chegar à conclusão de que a publicidade offline funciona, um contrato para anunciar por um período maior pode reduzir os custos. Assumir um compromisso de longo prazo em geral rende bons descontos.

CAPÍTULO ONZE

Para anunciar em mídias tradicionais gastando pouco, procure por espaços ociosos. Publicações impressas, por exemplo, tendem a cobrar bem menos pelo espaço publicitário residual quando o fechamento se aproxima. Afinal, se não venderem esse espaço, quem perde são elas. Tim Ferriss, autor dos best-sellers *The 4-Hour Body* e *Trabalhe 4 horas por semana*, falou o seguinte a propósito disso:

> Se for negociar com revistas nacionais, considere usar uma agência de compra de mídia impressa ou de "remnant ads" (anúncios em espaços ociosos), como Manhattan Media ou Novus Media, especializadas em negociar descontos de até 90% sobre o valor da tabela. Usando essas agências como intermediárias, dá para chorar ainda mais o valor.

Se o lugar ou a hora em que o anúncio é veiculado não importarem no seu caso, você pode conseguir um bom desconto. Para um produto de massa, essa pode ser uma estratégia barata e eficaz para atingir milhões de pessoas. Quando vemos um outdoor do gênero "We buy ugly houses" ou qualquer outro desses que se repetem por toda parte, o mais provável é que essa tática esteja sendo usada.

É muito mais difícil medir a eficácia da publicidade offline do que a da online, que já vem com mecanismos de mensuração de resultados. Uma saída, em mídias tradicionais, é usar URLs exclusivos e códigos promocionais. No caso deste livro, por exemplo, poderíamos criar folhetos que remetessem ao endereço <tractionbook.com/flyer>. Ao monitorar visitas a esse URL, teríamos uma ideia aproximada de quantas delas foram originadas pela campanha com os folhetos.

Há outros meios de rastreamento também. Jason Cohen, criador da empresa de avaliação de código Smart Bear Software, tentou várias modalidades de publicidade tradicional — revistas, feiras de negócios, jornais — para vender seu software. No formulário de cadastro, ele incluiu a pergunta "Como você descobriu nossa empresa?", para medir a eficácia das campanhas online e offline.

Além disso, ofereceu um livro grátis sobre avaliação de código em anúncios da Smart Bear — outra maneira de calcular a eficácia da publicidade usada. Se um anúncio no *Dr. Dobb's Journal* produzia um número elevado de pedidos do livro, a probabilidade de que a promoção funcionava era alta.

Mídia impressa

Mídia impressa é aquela feita em revistas, jornais, páginas amarelas, panfletos, mala direta e guias locais. Entre as diferentes modalidades de publicidade offline, a verba destinada a ela só perde para a da TV. A mídia impressa é interessante porque funciona com praticamente qualquer orçamento e permite uma segmentação precisa do público.

Nos Estados Unidos, existem quase 7 mil revistas — de publicações comerciais com milhões de assinantes a pequenos veículos setoriais com centenas de leitores.

E há três grandes categorias de revista: publicações voltadas para o mercado de massa (encontradas em qualquer banca de jornal e supermercado), publicações setoriais especializadas e revistas locais, normalmente distribuídas gratuitamente nas ruas.

Ao considerar uma revista, é preciso sempre saber qual o perfil demográfico dos leitores, a circulação e a periodicidade. De novo, para ter essa informação, basta pedir o "kit de mídia" da revista.

Ainda que tenha definido muito bem seu público-alvo, um anúncio em revista só vai ter uma boa resposta se for bem-feito, instigante, com um título chamativo, uma imagem interessante e uma tagline ou descrição dos benefícios do produto. Jason Cohen contou que, no caso da Smart Bear, os anúncios que deram bons resultados tinham, todos, um call to action contundente: a promoção do livro grátis.

Jornais são muito parecidos com revistas em alguns aspectos. Podem ter cobertura nacional ou local; o custo de anunciar depende em grande parte da circulação do veículo; e o anunciante pode escolher entre vários formatos de anúncio. Uma grande diferença, no entanto, é que o público dos jornais tende a ser mais velho — acima dos 30. Muitos jovens ainda compram revistas, mas não jornais impressos.

CAPÍTULO ONZE

Para certas campanhas publicitárias, o jornal é o veículo perfeito. É o caso de promoções com prazos bem-definidos (para eventos ou liquidações, digamos), campanhas de conscientização (em geral inseridas em uma campanha de marketing maior em vários canais) e avisos direcionados ao grande público (lançamentos de produtos, por exemplo).

Mala direta é qualquer mensagem publicitária impressa (anúncios, cartas, catálogos) entregue a um grupo específico de consumidores pelo sistema postal.

A eficácia da mala direta para conseguir clientes pode surpreender. É possível montar uma lista de prospects por conta própria ou comprar uma já pronta de uma empresa especializada. Basta dar uma busca por "mailing" para achar empresas que vendem essa informação. Cuidado, porém: uma lista precisa ser bem segmentada para que o potencial cliente não considere sua correspondência um spam. Caso contrário, é dinheiro jogado fora.

É possível comprar listas organizadas por perfil demográfico, localização ou ambos. Em geral, uma lista dessas custa em torno US$100 por mil nomes de consumidores — um pouco mais se, além do nome, incluir o endereço de cada pessoa e a empresa para a qual ela trabalha. Há serviços de mala direta que se encarregam da compra da lista, imprimem seu material de marketing e enviam a correspondência. Faz sentido contratar um serviço desses se a campanha tiver um volume alto.

Eis algumas boas táticas para utilizar mala direta:

- Se resolver fazer uma campanha de resposta direta pelo correio, inclua um envelope endereçado a sua empresa para aumentar o número de respostas.
- Use envelopes e cartões redigidos à mão para aumentar a probabilidade de que a correspondência seja aberta e lida.

- Deixe bem claro que ação você espera do destinatário: visitar seu site, entrar em sua loja, comprar determinado produto ou adicionar seu e-mail a uma lista.

- Entre em contato com os correios para negociar descontos para a postagem em grandes volumes.

Anúncios impressos locais incluem comprar espaço em folhetos, guias, calendários ou publicações como newsletters de igrejas, informativos ou guias de cupons. É uma boa maneira de testar a publicidade impressa, pois custa pouco e permite chegar a milhares de indivíduos em uma área específica. Anúncios nas páginas amarelas são igualmente baratos.

Estratégias inusitadas, como afixar cartazes em áreas nas quais potenciais clientes poderiam transitar, podem ser de uma eficácia incrível para a empresa ganhar tração no início. A InstaCab, por exemplo, contratou ciclistas para rodar por São Francisco e entregar cartões de visita para pessoas que tentavam pegar um táxi. A segmentação foi boa (era natural que quem estivesse tentando pegar um táxi se interessasse por uma solução mais fácil para se locomover) e fez um barulho danado, gerando uma boa leva de clientes logo no início do negócio.

Mídia exterior

Quem quiser anunciar em um outdoor provavelmente vai procurar, nos Estados Unidos, uma dessas três empresas: Lamar, Clear Channel e Outfront Media — os grandes players desse setor que movimenta US$6 bilhões. Para ter uma ideia do espaço disponível em determinada área, basta entrar no site dessas empresas ou procurar um representante local, que vai lhe passar um PDF com painéis disponíveis em sua região e informações sobre localização e audiência.

Temos uma experiência pessoal com a chamada mídia outdoor, como contamos no capítulo sobre publicidade. Gabriel teve a estratégica ideia de usar um outdoor no SoMa, bairro de São Francisco com forte presença de startups, para alardear sobre a diferença entre a política de privacidade do Google e a do DuckDuckGo.

Um buscador que mal saiu das fraldas chamando o rei do pedaço para a briga em seu próprio território é o tipo de mensagem que pode render alguma tração. Nesse caso específico, além de despertar a atenção de quem passava pelo outdoor, o DuckDuckGo foi mencionado em veículos como *Wired*, *USA Today*, *Business Insider* e vários blogs e outros meios de comunicação. Naquele mês, a base de usuários do buscador dobrou.

Quanto custou tudo isso? O outdoor de Gabriel saiu por US$7 mil por um mês de veiculação. Se a localização for menos nobre, um outdoor pode custar entre US$300 e US$2.500 por mês. Já na Times Square, o valor varia de US$30 mil a US$100 mil mensais.

O custo do outdoor depende do tamanho do anúncio, da localização do painel, do número de visualizações que ele pode garantir e do tipo de mídia (digital, por exemplo). Toda mídia exterior tem uma métrica publicitária, a chamada GRP (Gross Ratings Points), baseada nos fatores já mencionados. O número de impressões potenciais baseia-se no número de pessoas em determinada região que poderiam ver o outdoor: a nota máxima significa que o outdoor deve ser visto por 100% da população que circula por ali no intervalo de um mês.

A grande desvantagem da mídia exterior é que é difícil para o público reagir imediatamente à mensagem. Afinal, se a pessoa estiver no volante, é perigoso entrar em um site, ligar para um número ou comprar um produto. Outdoors são muito bons, no entanto, para a divulgação de eventos: shows, conferências ou qualquer outra atividade que vá ocorrer na região. Em Las Vegas, por exemplo, usam-se outdoors para divulgar espetáculos e artistas que se apresentarão na cidade nas semanas seguintes.

Também é possível anunciar em ônibus, táxis e mobiliário urbano (bancos e pontos de ônibus). A maioria dos anúncios nessa mídia pode funcionar muito bem para a resposta direta, pois o público que se desloca assim é cativo.

Se quiser se aventurar pela publicidade em meios de transporte, sugerimos procurar uma empresa especializada no assunto, como a Blue Line Media, nos Estados Unidos. Uma agência de mídia dessas pode ajudar a definir onde anunciar, como criar um anúncio de impacto para meios de transporte e qual a melhor maneira de medir e otimizar esse tipo de campanha.

Outra vantagem dos outdoors e da mídia em meios de transporte é que o anúncio é exibido até que surja outro para substituí-lo. Enquanto anúncio em rádio, TV ou mídia impressa é veiculado apenas uma vez, na mídia exterior sempre há a possibilidade de que sua publicidade seja exibida por bem mais tempo do que o originalmente estipulado.

Anúncios em rádio e TV

O critério para definição do preço de uma propaganda em rádio é o cost-per-point (CPP), com cada ponto representando quanto custará atingir 1% dos ouvintes de determinada emissora. Quanto maior o CPP, mais caro será anunciar naquela rádio.

Esse custo também depende da praça na qual o anúncio será veiculado, do horário e da quantidade de vezes em que irá ao ar. Só para dar uma ideia desses valores, uma propaganda de rádio veiculada em uma estação durante uma semana custa de US$500 a US$1.500 em um mercado local e de US$4 mil a US$8 mil em uma praça maior, como Chicago. Se você decidir apostar nessa mídia, uma alternativa a considerar são as rádios via satélite. Com mais de 50 milhões de assinantes, a norte-americana SiriusXM pode ajudar uma startup a atingir um público bem maior.

Comerciais de TV normalmente são usados para fins de branding. A maioria de nós se lembra de comerciais famosos da Nike e da Apple, por exemplo. Se pensarmos que 90% dos consumidores assistem à TV e que um adulto típico fica diante da TV 26 horas por semana, esse é um canal offline que deve ser considerado.

CAPÍTULO ONZE

No caso de comerciais de TV, qualidade é fundamental. O custo de uma produção — incluindo atores, equipamentos, edição, som, efeitos sonoros e filmagem — pode ser de centenas de milhares de dólares. Muitos dos melhores comerciais que a gente vê na TV podem ter custado mais de US$200 mil.

Felizmente, é possível produzir um comercial para a TV sem gastar tudo isso. Usar uma animação em vez de atores de carne e osso é uma saída. Se não der para dispensar o uso de atores, que tal recrutar estudantes de uma escola de atores local? Por último, simplificar ao máximo o comercial vai ajudar a reduzir os custos.

Além do gasto com a produção do comercial, é preciso pagar a veiculação do anúncio (US$350 mil é a média nacional). Para empresas menores, é difícil arcar com um custo desses. No entanto, ao longo dos últimos anos, surgiram maneiras de anunciar na TV sem gastar tanto.

Comerciais em emissoras locais de TV nos Estados Unidos — são mais de 1.300 no total — podem dar resultados e ter um custo razoável: o preço pode variar de US$5 a US$50 por mil espectadores, para um comercial de 30 segundos. Assim como ocorre com tantos outros canais offline, basta entrar em contato com a emissora para obter mais informações.

Comprar mídia na TV é um processo exaustivo, que exige muita negociação. Logo, se você estiver pensando em comprar bastante mídia televisiva, talvez seja melhor contratar uma agência especializada para lidar com todas as alternativas do mercado e conseguir um bom espaço por um bom preço.

Um infomercial é, basicamente, um comercial de TV de longa duração. Você já deve ter visto um — vendendo aparelhos eletrônicos, utilidades domésticas e equipamentos de ginástica. Embora muitos desses produtos — e do pessoal que tenta vendê-los — acabem virando piada, esse formato pode trazer excelentes resultados.

Produtos das categorias a seguir costumam usar infomerciais para conseguir uma boa tração:

- equipamentos de ginástica ou programas de exercícios físicos;
- produtos para o corpo;
- produtos para a casa (cozinha, limpeza etc.);
- aspiradores de pó;
- produtos para uma vida saudável (juicers, por exemplo); e
- trabalho sem sair de casa.

É preciso mais tempo para vender o que um produto desses tem a oferecer. É o caso do Snuggie. Com um comercial de 15 segundos, seria muito difícil convencer alguém de que o Snuggie é um excelente produto. Já com anúncios com a duração de dois minutos, foi possível vender milhões de unidades.

Quanto custa produzir um infomercial? Algo entre US$50 mil e US$500 mil. O formato pode ser curto (dois minutos de duração) ou mais tradicional (28 minutos). E o que se espera, quase sempre, é uma resposta direta do público: o anunciante quer que, ao ver o infomercial, a pessoa entre no site ou ligue para a central de atendimento para aproveitar uma promoção especial. As melhores empresas que usam esse formato costumam testar a mensagem, o call to action e a promoção antes de levar o infomercial ao ar.

Conclusão

É inegável que há muitas maneiras de tirar partido da mídia offline. O potencial para promoção da marca, o custo, o impacto e a flexibilidade fazem desse canal uma alternativa interessante para a empresa ganhar tração em um estágio mais avançado.

O melhor modo de abordar esse canal é entender que não há fórmula garantida para prever o que surtirá efeito ou não. Contudo, se levar a coisa a sério, é bem provável que você chegue a uma estratégia eficaz de publicidade offline. É como disse Jason Cohen:

> Uma coisa que aprendi na Smart Bear é que minha capacidade de prever o que vai dar resultado é zero. Eu pegava uma revista que achava que ninguém lia — e custava pouco, pois a circulação era baixa —, e o resultado era espetacular. Às vezes, nosso ROI era inacreditável! E simplesmente não era possível prever, com base na circulação ou no formato da mídia, qual seria o resultado. Além disso, a coisa mudava com o tempo: um anúncio podia ser bom por um trimestre ou um ano, mas aos poucos deixar de surtir efeito e chegar a um ponto em que já não valia a pena. Era algo imprevisível — e que perdia força com o tempo. Logo, a única saída era tentar tudo o que houvesse para ver o que funcionava.

Metas

- **Comece com testes baratos em mercados locais.** Já que é difícil prever o que vai dar resultado em mídias tradicionais, é bom partir com anúncios pequenos, de baixo custo. Toda mídia offline pode ser testada localmente. A campanha só deve ganhar escala regional ou nacional se o resultado justificar.

- **Busque espaços ociosos para conseguir mais desconto.** Use esses espaços na mídia tanto para testes iniciais como para ganhar escala nesse canal. A desvantagem aqui é a menor capacidade de segmentação em termos demográficos e de datas/horas.

- **Use URLs ou códigos promocionais exclusivos para medir a eficácia de cada campanha offline.** É preciso garantir que conversões desses testes ou campanhas possam ser associadas a anúncios offline específicos.

CAPÍTULO DOZE

SEARCH ENGINE OPTIMIZATION (SEO) OU OTIMIZAÇÃO PARA BUSCADORES

Quando precisam pesquisar algo na internet, as pessoas utilizam um buscador (browser). Search Engine Optimization (SEO) — ou otimização para buscadores — significa melhorar sua posição em resultados de buscas para atrair mais pessoas para seu site. Rand Fishkin, criador da Moz, empresa de software de SEO, diz:

> SEO é partir com uma estratégia de conteúdo e achar um jeito de atrair visitantes relevantes por meio de buscadores. É preciso saber produzir um conteúdo que possa ser localizado e ranqueado por esses buscadores.

O SEO pode potencializar tudo de bom que você já estiver fazendo em outros canais de tração (publicidade, relações públicas não convencionais, marketing de conteúdo) e usar isso para trazer mais clientes por meio de buscadores. Embora seja um canal concorrido, o SEO pode escalar bem em qualquer fase, em geral a baixo custo.

Estratégia de SEO

A primeira coisa a saber sobre SEO é que, quanto mais links de alta qualidade um site ou página tiver, melhor será sua posição. Se você estiver estreando nessa área, sugerimos começar com o *Moz: Beginner's Guide to SEO* para aprender o bê-á-bá, incluindo utilizar as palavras-chave desejadas do jeito certo (em títulos e chamadas de páginas).

Em vez de falar do básico aqui, vamos direto às estratégias e táticas específicas. No SEO, há duas grandes estratégias: "fat head" e "long tail". Vejamos primeiro o que querem dizer esses nomes.

Imagine agrupar todos os termos usados em buscas na internet e ordená-los pelo número de vezes em que foram pesquisados. No alto, estarão buscas por uma ou duas palavras-chave — como "lava-louças", "guerreiros" e "Facebook" —, que somam cerca de 30% de todas as buscas. Os outros 70% são combinações mais longas que, embora menos pesquisadas, representam a maioria das buscas.

Se distribuir todas essas palavras-chave em um gráfico por volume de buscas, os primeiros 30% ficarão apinhados no começo, ao passo que os outros 70% formarão uma longa cauda, em razão do pequeno número de vezes em que muitas das palavras são pesquisadas. Essas são as palavras-chave "long tail", "de cauda longa". No outro extremo estão as palavras-chave mais amplas, "fat head".

Uma estratégia fat head significa tentar aparecer nos resultados de buscas que descrevem diretamente o negócio da empresa. Uma fabricante de brinquedos de madeira, por exemplo, poderia tentar uma boa posição em buscas por "brinquedos de madeira", palavras-chave amplas.

Já na estratégia long tail a ideia é aparecer em resultados de buscas mais específicas, cujo volume é menor. A mesma fabricante de brinquedos poderia tentar aparecer para termos como "produtos tóxicos em blocos de brinquedos de madeira" ou "quebra-cabeças de madeira para crianças de 3 anos". Repetindo: ainda que o volume seja menor, essas buscas representam o grosso das pesquisas.

Na hora de decidir que estratégia usar, é preciso lembrar que o número de cliques obtidos cai drasticamente quando sua posição na página de resultados piora. Já que os dez primeiros resultados concentram cerca de 90% dos cliques, é importante buscar um posicionamento já na primeira página — e o mais alto possível. Esse deve ser um fator decisivo na escolha da estratégia de SEO.

Estratégia fat head

Para saber se vale a pena adotar uma estratégia fat head de SEO, é preciso, primeiro, descobrir que palavras-chave as pessoas estão usando na hora de procurar um produto em sua área de atuação e ver se o volume de buscas é grande o bastante para fazer diferença para sua empresa. O Google tem uma ferramenta bastante útil para isso: o planejador de palavras-chave (parte do AdWords). É só digitar as keywords que descrevem seu produto para ver o respectivo volume de buscas. Outra saída é entrar no site dos concorrentes para ver que palavras-chave estão sendo usadas em títulos e chamadas da página inicial.

A ideia é encontrar keywords com volume alto o bastante para dar bons resultados caso a empresa capture pelo menos 10% das buscas. Não perca tempo nem dinheiro com palavras-chave amplas que rendam só 200 buscas por mês. Às vezes, o produto pertence a uma categoria tão nova que nem dá para achar uma keyword boa, pois a palavra ainda não aparece nas buscas. Rand deu o exemplo da Uber:

> O problema da Uber é que o volume de buscas não é grande.
>
> Ninguém faz uma busca por "alternativas ao táxi para chamar pelo celular". A coisa não existe. E esse é o problema de muitas startups que estão criando um nicho em que até então não existia nada (...). Não há buscas sobre isso.

O passo seguinte é determinar a dificuldade de ranquear bem cada palavra-chave. Usar uma ferramenta como o Open Site Explorer para analisar o número de links que os concorrentes têm para certo termo dará uma ideia aproximada. Se um concorrente tiver milhares de links para uma palavra-chave de seu interesse, será preciso muito foco para gerar links e otimizar seu site para ranquear acima desse rival.

Se for necessário, enxugue a lista de palavras-chave que pretende usar. Use o Google Trends para descobrir a popularidade dos termos. Apareceram com maior ou menor frequência em buscas no último ano? Estão sendo usados em buscas na região do mapa na qual você está prospectando clientes?

Outra maneira de testar palavras-chave é com publicidade paga em buscadores. Se esses anúncios converterem bem, é sinal de que o SEO pode ser um canal de crescimento forte com essas keywords.

Isso feito, é hora de implementar a estratégia fat head. Organize seu site em torno das palavras-chave escolhidas. Se você tiver um site de software de contabilidade e "software de contabilidade para pequenas empresas" for suas principais keywords, elas devem aparecer nos títulos de página e na página inicial de seu site.

Por último, tente fazer com que outros sites criem links para o seu, de preferência usando exatamente os termos que você quer ranquear. Pode ser, por exemplo, com um conteúdo cujo título seja "Empresa lança software de contabilidade para pequenas empresas" (o sublinhado indicando o link). Essa correspondência exata ajuda muito (além disso, links de sites de qualidade reconhecida pesam mais).

Estratégia long tail

A maioria das pesquisas feitas por buscadores é de cauda longa, ou seja, usa termos mais extensos e bem específicos — coisas como "dieta sem glúten para artrite" ou "navegar na internet com privacidade". Isoladamente, as buscas com esses termos não representam muito; somadas, no entanto, são 70% de todas as pesquisas.

Já que é difícil ranquear alto termos disputados (fat head), uma estratégia popular de SEO para startups que estão começando é focar a cauda longa. Desse modo, a empresa agrupa palavras-chave long tail para chegar a um número importante de clientes.

CAPÍTULO DOZE

De novo, usar o planejador de palavras-chaves do Google é o primeiro passo para determinar se a estratégia de cauda longa pode ser boa para sua empresa. Só que dessa vez você vai buscar informações sobre termos mais específicos, mais exatos. Tentará descobrir os volumes de buscas para um punhado de palavras-chave de cauda longa em sua área de atuação e, se somados, esses volumes são relevantes.

Outro jeito de avaliar uma estratégia de cauda longa é com o aplicativo de analytics que seu site usa (por exemplo, Google Analytics ou Clicky). Esses programas mostram que palavras-chave as pessoas estão usando para chegar a seu site. Se você já estiver conseguindo um tráfego bom com termos long tail, é bem possível que adotar essa estratégia seja uma boa ideia.

Se você não tiver nenhum conteúdo gerando tráfego para seu site com palavras-chave de cauda longa, há duas alternativas. A primeira é mexer nas páginas, esperar um pouco e observar se a mudança surte efeito. A segunda é estudar sites da concorrência para verificar se estão conseguindo um bom tráfego com uma estratégia de SEO de cauda longa. Alguns sinais de que estão:

- Eles têm várias landing pages. Para saber que tipo de página está sendo criada, faça uma busca por "site:domain.com" em um buscador. Se quiséssemos saber quantas landing pages a Moz criou para palavras-chave long tail, por exemplo, poderíamos pesquisar "site:moz.com" para ter uma ideia.
- Confira rankings de pesquisa da Alexa e veja que porcentagem de visitantes os concorrentes estão recebendo nas buscas. Se algum site tiver muito mais tráfego resultante de buscas do que os outros, é bem provável que esteja usando alguma estratégia de SEO.

Se você decidir adotar uma estratégia de SEO de cauda longa, o sucesso vai depender, basicamente, de sua capacidade de produzir conteúdo de qualidade em grande quantidade. Patrick McKenzie, criador dos aplicativos Bingo Card Creator e Appointment Reminder, nos contou como encara esse desafio:

> Você tem uma máquina que recebe dinheiro de um lado e ranqueia do outro. Com o Bingo Card Creator, por exemplo, eu pago um freelancer para criar cartelas de bingo e produzir um conteúdo associado, que subo em uma página do site. Como essas cartelas têm um nicho de mercado específico demais para que editoras de material pedagógico o foquem, normalmente fico bem ranqueado nesse segmento.
>
> Por U$S10 a U$S20 por palavra-chave, é possível pagar alguém para redigir um artigo que não dá vergonha de subir no site. Para muitas startups de SaaS (Software as a Service), o valor vitalício marginal de um cliente pode ser de centenas ou milhares de dólares. Ou seja, [artigos e landing pages] não precisam de muito tráfego, individualmente falando, para produzir cifras importantes para o negócio como um todo.
>
> Se meu negócio funciona, é, basicamente, porque essa estratégia de SEO é fenomenal.

Durante a entrevista, Patrick falou sobre uma série de cartelas de bingo que ele criou sobre corujas do leste da Ásia, as "owls of East Asia". O site tem uma landing page e uma cartela específicas para esse tema long tail. Em três anos, a página trouxe cerca de US$60 em negócios para a empresa. Já que criar o conteúdo custou US$3,50, o investimento compensou, mas só porque não existem muitos sites com uma página específica para quem busca "cartelas de bingo com corujas do leste da Ásia".

No caso de Patrick, centenas de investimentos de US$3,50 com retorno de US$60 a US$100 acabam dando um bom lucro.

O site de Patrick tem uma série de subpáginas, cada qual voltada para um grupo de palavras-chave que ele quer ranquear. Há, por exemplo, uma categoria de cartelas de bingo para "plantas e animais", que inclui páginas como "dog breeds bingo" (com raças de cães), "cat breeds bingo" (de gatos) e, não esqueçamos, "owls of East Asia bingo" (as corujas do leste da Ásia). Para cada subpágina, ele contratou um freelancer para pesquisar o assunto e criar uma série exclusiva de cartelas e landing pages sobre o tema.

Se você resolver adotar essa tática, é fácil. Basta criar uma landing page geral com conteúdo básico e layout simples e, depois, utilizar uma plataforma como oDesk ou Elance para encontrar freelancers dispostos a produzir conteúdo sobre os assuntos específicos nos quais seu público está interessado.

Outra maneira de usar o SEO de cauda longa é aproveitar um conteúdo que sua atividade naturalmente gera. Para saber se você pode empregar essa tática, é preciso descobrir que dados coletados ou gerados por sua empresa poderiam ser úteis para os outros.

Grandes empresas foram erguidas assim. A maior parte do tráfego de sites como Yelp, TripAdvisor e Wikipédia veio da produção automatizada de conteúdo de cauda longa. Essa tática também foi o principal canal para a última startup de Gabriel, a Names Database: quando alguém tentava descobrir o paradeiro de um velho amigo ou colega de escola, acabava caindo na página da Names Database da pessoa em questão. Essas páginas eram geradas de modo automático a partir dos dados obtidos naturalmente pelo site e, depois de indexadas por buscadores, criavam um grande volume de tráfego orgânico de gente fazendo pesquisas long tail por determinado nome.

Às vezes esses dados estão ocultos por uma tela de login, e tudo o que é preciso fazer é expô-los nos buscadores. Certos casos exigem mais criatividade para agregar os dados de maneira útil. Se você quiser alcançar pessoas buscando por "imóveis a leilão", por exemplo, criar landing pages com base na localização pode dar bons resultados. Isso significa gerar páginas que casem com buscas como "imóveis recentemente hipotecados em [local]".

Táticas de SEO

Seja qual for a estratégia — fat head ou long tail —, o SEO se resume a duas coisas: conteúdo e links. Quanto mais alinhado seu conteúdo estiver com as palavras-chave desejadas e quanto mais links puder obter de fontes confiáveis e diversas, melhor será seu ranqueamento.

Conseguir links em geral é mais difícil, pois envolve gente de fora da empresa. Veja algumas dicas para ter sucesso na empreitada:

- **Publicidade:** quando alguma publicação digital menciona sua empresa, o texto pode fornecer o link para seu site.
- **Produto:** dependendo do produto, você pode criar páginas associadas a ele que as pessoas naturalmente vão querer compartilhar. É o caso das páginas de perfil profissional do LinkedIn.
- **Marketing de conteúdo:** crie um conteúdo forte e relevante que as pessoas vão querer ler e compartilhar.
- **Widgets:** ofereça a proprietários de sites algum recurso útil ou bacana que inclua um link para seu site.

Uma coisa é produzir conteúdo de primeira que se alastra como fogo; outra é contratar freelancers para criar material requentado para palavras-chave de cauda longa. Embora ambas as estratégias sejam válidas e possam funcionar bem em conjunto, a diferença de qualidade entre elas é grande. Um conteúdo de primeira ajuda a gerar links naturais, especialmente para estratégias do tipo fat head.

Para gerar links, Rand sugere usar infográficos, slideshows, imagens e informações apuradas por você mesmo, pois são coisas que as pessoas naturalmente compartilham. Já que a meta maior é gerar links, seu alvo deve ser gente que vai compartilhar seu conteúdo. Quem serão essas pessoas vai depender do produto, mas em geral jornalistas e blogueiros são uma boa escolha.

Lembre-se, sempre, de que o principal determinante do ranking de um site para uma palavra-chave são os links. O aplicativo Open Site Explorer indica quantos links você está tendo e de onde estão vindo. Uma análise do perfil dos concorrentes também pode revelar outras fontes possíveis de links.

No SEO, há um punhado de pecados capitais. O maior de todos é comprar links — algo proibido por buscadores e alvo de fortes penalidades. O mesmo vale para tentativas de manipular buscadores. Esse tipo de manobra é chamado de "black hat" (o que não pode), em contraposição a "white hat" (o que pode) ou a "gray hat" (tudo o que é limítrofe). A ideia é só fazer o que é considerado white hat.

É verdade que táticas de black hat podem surtir efeito no curto prazo e, portanto, parecer tentadoras. Contudo, é difícil, no longo prazo, criar um negócio sustentável com base nisso, pois a certa altura os buscadores vão perceber a manobra e as penalidades vão derrubar o tráfego.

Conclusão

O SEO é um dos alicerces do "inbound marketing", modelo no qual a empresa atrai o cliente por vias como redes sociais e SEO. Rand, da Moz, contou que 85% dos clientes da empresa são inbound. Mike Volpe, da HubSpot, disse algo parecido:

> Hoje, temos 30 pessoas no marketing e 120 em vendas, todas em Cambridge, Massachusetts (não há vendas externas). Conseguimos de 45 mil a 50 mil novos leads por mês, 60% a 80% deles por inbound marketing (não pago). Os leads do inbound custam 50% menos e fecham [a venda] 100% mais do que leads pagos.
>
> Por experiência própria e conhecimento do setor, sei que a maioria das outras empresas de SaaS consegue cerca de 10% dos leads por inbound marketing, de um total de 2 mil a 5 mil leads por mês.

Metas

- **Descubra que palavras-chave aparecem nas buscas em volume suficiente para mover o ponteiro de tração de sua empresa.** Se não houver um bom volume de buscas ou não for possível ranquear bem esses termos, o SEO não é a estratégia para você. Se descobrir palavras-chave que poderiam dar resultado, coloque um punhado de anúncios pagos relacionados a essas keywords para ver se realmente convertem em clientes.

- **Use freelancers baratos para criar landing pages de cauda longa.** Ou, se seu produto gerar naturalmente um bom conteúdo long tail, utilize esse material para criar você mesmo essas páginas de captura.

- **Foque a geração de links.** Com qualquer uma das estratégias — fat head ou long tail —, o resultado do SEO vai depender de duas coisas: conteúdo e links. Conseguir links em geral é mais difícil, e criar conteúdo de qualidade é uma forma rápida de gerá-los.

- **Evite as táticas de black hat, aquelas que vão contra as normas de buscadores, sobretudo pagar por links.** É um tiro que acaba saindo pela culatra.

CAPÍTULO TREZE

MARKETING DE CONTEÚDO

Tente se lembrar dos últimos sites em que você entrou para ver o blog deles. É bem provável que essas páginas sejam atualizadas só de vez em quando e que tenham poucos comentários ou, pior, que sejam atualizadas sempre, mas com nada muito interessante.

Agora, compare essa experiência com a de ler o blog de uma empresa popular como a Moz, o Unbounce ou o OkCupid. Cada post ali recebe centenas de comentários, gera muita publicidade e é compartilhado milhares de vezes — um engajamento pesado que produz um forte crescimento. E, aliás, para todas essas empresas o blog foi, a certa altura, a maior fonte de aquisição de clientes.

Para saber mais sobre esse canal de tração, fomos falar com dois empreendedores de sucesso que abordaram a criação de conteúdo de um jeito bem diferente. Rick Perreault, fundador e CEO do canadense Unbounce, contou como a empresa passou a usar o blog como plataforma de marketing desde o dia em que começou a criar essa ferramenta. Aliás, o Unbounce lançou seu blog um ano antes de ter um produto, e a página virtual não só trouxe visibilidade no meio do marketing digital, como até hoje é a principal fonte de tração da empresa.

No extremo oposto está o OkCupid. Conversamos com um de seus cofundadores, Sam Yagan. O popular site de relacionamentos surgiu em 2004, mas lançou seu blog só em 2009. Embora tenha priorizado outros canais de tração no início, o OkCupid apenas deslanchou quando apostou pesado no marketing de conteúdo.

Case: Unbounce

Como dissemos anteriormente, muitas startups cometem o erro de criar um produto antes de pensar em sua venda e distribuição. O Unbounce, que fornece ferramentas simples para a criação de landing pages, conseguiu escapar dessa cilada. Desde o primeiro dia — literalmente —, seu fundador, Rick Perreault, começou a esboçar os recursos do produto no blog da empresa. Aliás, a primeira pessoa que Rick contratou foi um redator em tempo integral para o blog. É como ele disse:

> Se não tivéssemos lançado o blog logo no início, como fizemos, o Unbounce não estaria aqui hoje (...). Nosso conteúdo ainda traz clientes. Coisas que escrevemos em janeiro de 2010 até hoje trazem clientes. Se, naquela época, tivéssemos gastado o dinheiro com publicidade, já era. O dinheiro é gasto e ponto. Quando se investe em conteúdo, isso vai parar no Google. As pessoas acham o material e o compartilham, o que traz clientes quase interminavelmente.
>
> Quando abrimos a empresa, em meados de 2010, o blog já tinha 20 mil visitantes únicos por mês (...). Já havia quase um ano que estava no ar.
>
> Agora, o blog é nossa principal fonte de aquisição de clientes. Algumas pessoas escrevem sobre o Unbounce. Outras tuítam sobre nossas postagens (...). O blog é o principal elemento de nosso marketing.

Graças à tática de já partir com um blog, o Unbounce tinha uma lista com mais de 5 mil e-mails quando finalmente estreou no mercado, algo pouco comum quando uma startup típica lança seu produto.

O time do Unbounce apostou pesado em redes sociais para atrair leitores para o blog. Sempre que postava algum conteúdo, dava um ping em pessoas influentes no Twitter pedindo comentários. Além disso, ajudava a esclarecer dúvidas em fóruns como o Quora, para interagir com o público-alvo. Embora esse tipo de ação possa não escalar, no começo vale a pena, pois a ideia é trabalhar para chegar a um ponto no qual o conteúdo vai se espalhar sozinho de maneira mais orgânica — exatamente como aconteceu com o Unbounce.

Para aproveitar ainda mais o tráfego do blog e engrossar a lista de e-mails, o Unbounce distribuiu infográficos e e-books de graça. Quando finalmente abriu a versão beta do produto, lançou mão dessa lista, e a estreia foi um sucesso.

A proeza não foi tão fácil quanto parece. Embora o time postasse um conteúdo de alto nível sobre marketing semana sim, semana não, levou seis meses para o blog começar a dar resultados. Uma vez que capturou um público importante, no entanto, a empresa só avançou.

Case: OkCupid

Um dos sites de relacionamento mais populares dos Estados Unidos, o OkCupid foi comprado pela Match.com por US$50 milhões. Ali, o blog foi usado de outro modo e só se tornou o principal canal de tração depois de cinco anos da fundação da empresa. Segundo Sam Yagan, quando o blog foi lançado, em 2009, o crescimento disparou.

Assim como no caso do Unbounce, o blog do OkCupid virou o foco de sua atividade de marketing. No entanto, diferentemente do time do Unbounce, o do OkCupid redigia posts mais longos, com menos frequência. Cada post do OkCupid levava um mês para ser redigido e se baseava em dados sobre o uso do site pelos membros. Além disso, a equipe fazia questão de polemizar (um exemplo de postagem: "Como sua etnia influencia as mensagens que você recebe") para gerar tráfego e fazer barulho.

Já que o serviço do OkCupid era *gratuito*, o site não podia gastar muito para adquirir clientes (a empresa, aliás, nunca fez publicidade paga). Ou seja, o crescimento tinha de vir exclusivamente de canais de tração sem custos de aquisição por usuário (como publicidade, marketing de conteúdo, SEO e marketing viral).

Curiosamente, o OkCupid recebeu muito mais divulgação orgânica após o lançamento do blog do que quando trabalhou com uma assessoria de imprensa. CNN, Rachael Ray, *The New York Times* e muitos outros veículos de comunicação mostravam interesse pelos temas tratados no blog.

O blog também contribuiu muito para o SEO da empresa. Quando surgiu, o site estava longe de aparecer entre os principais resultados de buscas pelos termos "online dating" (algo como "namoro online"). Um ano depois, já era o primeiro resultado nas buscas por essas palavras-chave disputadíssimas.

Táticas de marketing de conteúdo

O obstáculo mais comum no marketing de conteúdo é o bloqueio criativo: não saber o que escrever. Para vencê-lo, tente falar sobre os problemas que seu público-alvo enfrenta. É bem provável que você saiba mais sobre o setor em que atua do que seus potenciais clientes, ou seja, você deve ter alguma noção dos assuntos que mais importam para eles.

Em toda área, há algum problema que precisa de uma luz. No caso do Unbounce, o blog falava de otimização de landing pages, da conversão com PPC (pagamento por clique), entre outras coisas. Já o blog do OkCupid tratava de dúvidas sérias dos usuários de um jeito descontraído, em posts como: "O que dizer na primeira mensagem."

O Unbounce descobriu que a taxa de compartilhamento de infográficos é cerca de 20 vezes maior do que a de posts típicos do blog e que a probabilidade de que outras publicações digitais reproduzam um conteúdo desses é bem maior. Em 2012, por exemplo, a empresa postou um infográfico (o "Noob Guide to Online Marketing") que teve dezenas de milhares de downloads e trouxe milhares de clientes pagantes. Um ano depois, esse post ainda era compartilhado no Twitter em torno de uma vez por hora.

CAPÍTULO TREZE

Muitos profissionais de marketing — a maioria, diríamos — não entendem que quantidade não substitui qualidade. E tanto Rick como Sam fizeram questão de dizer que não há atalhos para criar conteúdo de alto nível. Se o que você escrever não for útil, nem todo o esforço do mundo para o conteúdo emplacar no Twitter vai ajudar. Não vai emplacar e ponto.

O segredo para que um conteúdo seja compartilhado é mostrar ao leitor que ele tem um problema que nem sabia que tinha ou que não conseguia dizer bem o que era. Dar uma solução é útil, mas o melhor mesmo para atrair leitores é indicar que eles estão errando feio em algum aspecto da vida.

No início, dificilmente um blog vai receber muito tráfego, independentemente da qualidade do conteúdo. Até o Unbounce tinha menos de 800 visitas por mês depois de um semestre postando um conteúdo muito bom. Demorou bastante para que o blog chegasse a 20 mil visitantes mensais.

O bom é que há maneiras de acelerar esse processo. O Unbounce participava de qualquer discussão na rede sobre marketing digital e fazia de tudo para contribuir para o debate. Foi particularmente bem-sucedido ao estabelecer contato com pessoas influentes no Twitter. O lance era seguir minicelebridades do marketing e pedir que opinassem sobre suas últimas postagens no blog.

Um dos melhores meios de conquistar público é o chamado "guest post". Essa tática é especialmente forte no início, quando o negócio ainda não tem audiência suficiente para trabalhar por conta própria. O Unbounce começou a publicar guest posts em outros blogs populares depois de três meses blogando sozinho.

Nesse processo, é preciso monitorar as menções em redes sociais e usar analytics para descobrir que tipo de post está despertando interesse e qual não. Muitos blogueiros se surpreendem ao saber o que funciona ou não. Esse é um bom motivo para manter um cronograma de conteúdo regular: pode ser difícil prever o que, exatamente, vai repercutir com seu público.

Conclusão

Se pedirmos a um empreendedor nos Estados Unidos que dê o nome de investidores importantes em startups assim, na lata, é bem provável que a resposta inclua Fred Wilson, Brad Feld ou Mark Suster. Por quê? Porque os três têm blogs populares. Há muitos outros investidores formidáveis cujo nome não é tão conhecido.

Uma das melhores coisas sobre esse canal de tração é como ele o posiciona como autoridade em sua área de atuação. O Unbounce e o OkCupid são ótimos exemplos de como um blog popular pode fazer com que uma empresa seja reconhecida como autoridade no setor dela, mesmo que o espaço seja muito concorrido.

Ser um empreendedor reconhecido como autoridade significa não apenas ser convidado a falar em eventos importantes, servir de fonte para jornalistas e influenciar os rumos do setor, mas também ver seu conteúdo compartilhado muito mais vezes.

No caso do Unbounce, uma das maiores vantagens em ter um blog robusto foi que isso abriu oportunidades de comarketing. Logo no começo, a então startup procurou empresas conhecidas para fazer parcerias. Essas tentativas de desenvolvimento de negócios não surtiram efeito no início. Isso só mudou quando o blog passou a atrair leitores. Hoje, o Unbounce tem uma série de integrações (inclusive com companhias importantes como a Salesforce) e uma fila de espera de empresas interessadas em trabalhar em conjunto.

Um blog forte pode ter impacto positivo em, pelo menos, outros oito canais de tração: SEO, publicidade, e-mail marketing, divulgação em blogs especializados, criação de comunidades, eventos offline, plataformas existentes e desenvolvimento de negócios.

Quando a tática funciona, o poder de atrair clientes é formidável. Nas palavras de Rick:

> Nosso blog gera buscas. Gera boca a boca. O blog está no topo do funil. As pessoas acham o blog, que está atrelado ao nosso site. Não fazemos marketing do blog em si, mas estamos constantemente —

CAPÍTULO TREZE

várias vezes por semana — soltando conteúdo que é compartilhado e gera tráfego para o blog.

Metas

- **Se criar um blog, insista por, pelo menos, seis meses na empreitada.** Pode demorar um pouco para pegar embalo.

- **No começo, faça coisas que não escalam.** Tentar convencer o público a compartilhar seus posts é útil, pois a ideia é trabalhar para que, a certa altura, seu conteúdo se espalhe por si só. Contatar pessoas influentes do setor (no Twitter, por exemplo), publicar guest posts, escrever sobre acontecimentosrecentes e criar infográficos que possam ser compartilhados são ótimas maneiras de acelerar o crescimento do público.

- **Crie um conteúdo completo, como ninguém mais tem.** Para ser bem-sucedido nesse canal de tração, o conteúdo precisa ter qualidade. Embora não haja fórmula mágica, uma boa ideia é escrever sobre problemas que seu público-alvo vem enfrentando. Outra opção (que não exclui a primeira) é fazer testes ou usar dados de sua empresa que levem a conclusões surpreendentes.

CAPÍTULO CATORZE

E-MAIL MARKETING

Se você for como nós, neste exato instante sua caixa de entrada de e-mail deve estar cheia de promoções: cupons de desconto, indicações, pitches de vendas e afins. Isso é e-mail marketing, que, para muitas empresas (Groupon, JackThreads, Thrillist, Zappos), é o principal canal para ganhar tração.

O marketing por e-mail é um canal pessoal. Uma mensagem de sua empresa fica junto a mensagens enviadas pelo círculo mais íntimo do destinatário. É por isso que o e-mail marketing dá resultados melhores quando personalizado. E, como a mensagem pode ser adaptada às ações de cada indivíduo, todo e-mail enviado se torna relevante.

Para falar desse canal, entrevistamos Colin Nederkoorn, fundador e CEO da Customer.io, empresa que cria soluções para que organizações enviem e-mails aos clientes com base no comportamento deles. Ele nos disse:

> Se você tiver um negócio de fato, o e-mail ainda é o canal mais eficaz para alcançar, de maneira ampla, as pessoas que demonstraram interesse por seu produto ou site. Nisso, ele é imbatível.

O e-mail marketing pode ser usado em todas as fases do ciclo de vida do cliente: para aumentar a visibilidade da empresa aos prospects, para adquirir clientes e para reter os atuais.

E-mail marketing para prospectar clientes

Antes de entrar com tudo no tema, fica um alerta: muitas empresas ainda compram listas de e-mail para envio em massa de mensagens não solicitadas. Isso é spam. O spam irrita o destinatário, atrapalha a distribuição de outros e-mails no futuro e prejudica a empresa no longo prazo. Não recomendamos essa prática.

Por sorte, há várias formas legítimas de adquirir clientes por e-mail marketing. Nossa dica é usar suas outras iniciativas para monitorar uma lista de endereços de potenciais clientes, que será útil ainda que o e-mail marketing não seja seu canal principal. Uma lista de prospects interessados pode render frutos por anos a fio.

Para criar essa lista, canais de tração como SEO e marketing de conteúdo costumam ser bastante úteis. É só pedir o e-mail da pessoa no final de um post do blog ou no rodapé de uma landing page. Muitas empresas pedem o e-mail para liberar o acesso a conteúdo premium, como vídeos ou artigos. Rick Perreault, do Unbounce, nos contou que essa tática era a principal responsável pela expansão da lista de e-mails da empresa.

Outra solução popular para coletar e-mails é criar um curso breve e gratuito ligado a sua área de conhecimento. O objetivo é educar potenciais clientes sobre o contexto de um problema e de seu produto. Ao final do curso, você faz um CTA ("call to action") sugerindo à pessoa que compre seu produto, faça um teste grátis ou compartilhe algo com os amigos, por exemplo.

Além de usar sua lista de e-mails, é possível anunciar em newsletters enviadas por e-mail por empresas que tenham a ver com seu produto. Muitas oferecem espaço para publicidade. Identifique uma de interesse de seu público para anunciar e, se ela não possuir espaço para publicidade, entre em contato e proponha algo.

E-MAIL MARKETING PARA ATIVAR CLIENTES

Para que um produto vingue, é fundamental ativar o cliente — embora muitas vezes essa seja uma tarefa negligenciada. "Ativar", aqui, significa fazer o cliente interagir com o produto o suficiente para que se torne um usuário ativo. No caso específico do Twitter, isso significa postar um tuíte ou seguir cinco pessoas; no do Dropbox, instalar o aplicativo e subir pelo menos um arquivo.

Como seria de imaginar, melhorar a taxa de ativação pode ter um impacto considerável na empresa. Afinal, se o cliente não entende o valor do produto, como esperar que pague por ele ou o indique a outras pessoas?

O e-mail marketing é uma excelente maneira de melhorar sua taxa de ativação. Uma tática muito popular é enviar uma sequência de e-mails que vá apresentando os principais recursos do produto gradativamente. Em vez de dar toda a informação logo de cara, você manda um e-mail cinco dias depois de a pessoa se cadastrar, dizendo algo como: "Olá! Já conhece o recurso 'x'?" O próprio Colin explica:

> Sua empresa cria uma experiência ideal para quem vai testar o produto, mas também deve pensar em todas as rotas que essa pessoa pode tomar caso não siga a experiência ideal. Então, é preciso ter e-mails prontos para ajudar quem se desvia a voltar a essa rota.

Um exemplo é o do Dropbox. Se criar uma conta, mas nunca subir um arquivo, você não foi ativado. Quando isso acontece, o Dropbox automaticamente envia um e-mail incentivando a pessoa a usar o serviço. Com isso, aumenta a probabilidade de que o cliente volte ao aplicativo e se torne um usuário ativo.

Antes de mandar a mensagem, é preciso definir que ações são *absolutamente necessárias* para mostrar o valor de seu produto. Feito isso, é hora de criar e-mails que garantam que um público específico siga todas as etapas dessas ações. Prepare uma mensagem para ser automaticamente enviada a quem não concluir o primeiro passo no processo. Se você fizer isso em cada passo no qual a pessoa possa desistir, o número de pessoas que finalizam o processo de ativação aumentará consideravelmente.

Com ferramentas como Vero e Customer.io, automatizar essa atividade é fácil. Dá, por exemplo, para enviar um e-mail a quem se cadastrou para fazer uma avaliação grátis, mas, passados três dias, ainda não ativou a conta.

Também é possível usar o primeiro e-mail enviado para conseguir mais informações do cliente. Colin manda um e-mail automático, mas pessoal, a todo mundo que se cadastra 30 minutos depois dessa ação. A mensagem é mais ou menos assim:

Assunto: Precisa de ajuda para começar?

Olá, [primeiro nome do cliente].

Aqui é o Colin, CEO da Customer.io. Só gostaria de saber se você precisa de alguma ajuda para começar a usar a ferramenta.

Abraço,

Colin

Segundo ele, a taxa de resposta desse e-mail fica perto de 17%, cifra espetacular para um e-mail disparado automaticamente. E a mensagem abre o canal de comunicação entre Colin e o cliente. Graças às respostas, foi possível descobrir o que não estava funcionando e melhorar muito o produto.

E-MAIL MARKETING PARA RETER CLIENTES

Para muitas empresas, o e-mail marketing é o melhor canal para trazer alguém de volta ao site delas. Por exemplo, quem é usuário ativo do Twitter sabe quantos e-mails já recebeu da plataforma — contando que foi mencionado por alguém em um tuíte, avisando que um amigo acabou de criar uma conta, dando um resumo semanal de tuítes populares que a pessoa possa ter perdido. A função de cada e-mail desses é manter o usuário ativo no Twitter.

Sua campanha de retenção por e-mail vai depender do tipo de produto. Se for uma rede social, talvez seja bom enviar um e-mail simples a quem está há duas semanas sem aparecer na plataforma. Sites de namoro em geral exibem perfis ou avisam que há mensagens ainda não lidas. No caso de produtos com finalidade mais profissional, é comum enviar lembretes, relatórios e informações sobre como a pessoa vem usando o produto e se beneficiando dele.

Quando a frequência de uso do produto é baixa, o e-mail marketing pode ser a principal forma de engajamento do cliente. A Mint, por exemplo, envia semanalmente um relatório de tudo o que a pessoa gastou e recebeu na semana anterior; isso evita que o usuário se esqueça do produto, lembrando-o de sua utilidade ainda que não esteja conectado. O BillGuard, serviço que alerta o usuário sobre qualquer atividade suspeita com seus cartões de crédito, envia um relatório parecido todos os meses.

O e-mail marketing também é um dos melhores canais para surpreender e agradar o cliente. Cada cliente da Planscope, ferramenta de planejamento de projetos para freelancers, recebe um e-mail semanal do fundador, Brennan Dunn, informando quanto ganhou na semana. Quem não gostaria de receber um e-mail desses? Qualquer mensagem que informe o cliente do progresso que ele já fez tende a ser bem-aceita. Patrick McKenzie, nosso entrevistado para falar sobre SEO, chama esse tipo de mensagem de e-mail "você é demais".

Em alguns casos, as empresas usam o e-mail para mostrar como o cliente usou o produto anteriormente. Sites de fotos, por exemplo, enviam fotos que a pessoa tirou há exatamente um ano. Esse tipo de e-mail cumpre duas funções: em geral, provocam uma sensação boa na pessoa e a trazem de volta ao site para postar mais fotos.

E-MAIL MARKETING PARA TRAZER RECEITA

Hoje em dia, muitas empresas, como o Groupon, usam o e-mail para gerar receitas na casa dos milhões. Segundo Patrick, a probabilidade de que alguém em sua lista de e-mail comprasse um curso era 70 vezes maior do que a de alguém em outros canais de tração (divulgação em blogs, SEO, marketing de conteúdo).

Uma saída popular para gerar receita com esse tipo de marketing é usar o e-mail para convencer o cliente a optar por uma versão mais cara de seu produto, o chamado "upselling". Um exemplo é o da WP Engine, empresa de hospedagem no WordPress, que usa esse meio para conseguir clientes para um de seus planos premium. Ela tem uma ferramenta de teste de velocidade de blogs do WordPress (speed.wpengine.com) pela qual, digitando um URL e um e-mail, os interessados podem receber um relatório grátis sobre o desempenho de seu site.

No decorrer de um mês, a WP Engine manda a cada um desses prospects, também por e-mail, um curso sobre a velocidade e a escalabilidade do WordPress: três maneiras rápidas de aumentar a velocidade do site, por que a hospedagem é importante para a empresa dele e por aí vai. Perto do final do curso, a WP Engine envia à pessoa uma mensagem vendendo seu serviço premium de hospedagem no WordPress.

Essa sequência de e-mails tem uma taxa de conversão melhor do que direcionar potenciais clientes a uma landing page de vendas. Aliás, muitas empresas como a WP Engine hoje usam a publicidade para conduzir leads para uma landing page na qual, em vez de tentar vender algo, apenas pedem o e-mail do cliente — usando depois o e-mail marketing para tentar, no decorrer de um mês ou mais, fisgar o prospect.

Quando vê que um potencial cliente ainda não está pronto para ser convertido, a WP Engine o coloca em outra lista: a de pessoas que recebem e-mails com conteúdo relevante, mas em frequência menor, mensal. Mais tarde, quando o prospect decidir por fim contratar um serviço premium de hospedagem no WordPress, dá para imaginar quem ele vai procurar.

CAPÍTULO CATORZE

O retargeting por e-mail é outra ferramenta para gerar receita. Digamos que uma cliente tenha entrado em seu site, colocado algo no carrinho de compras, mas saído da página sem comprar. Que tal, dali a um ou dois dias, enviar um e-mail a ela com uma promoção especial para aquele artigo que ela deixou no carrinho? A conversão de uma mensagem dirigida sempre será melhor do que a de um e-mail aleatório.

No caso de um produto no modelo freemium, um e-mail que detalhe uma funcionalidade exclusiva da versão paga desse produto pode produzir altas taxas de conversão. Um site de namoro, por exemplo, pode explicar que quem migra para um plano premium tem acesso a mais pretendentes. Já um produto no modelo de assinatura pode incentivar a compra de um plano anual, garantindo, assim, uma receita para um período maior.

Desse modo, se seu negócio trabalha com um preço fixo por número de usuários (US$9/mês por cinco usuários, US$20/mês por dez usuários etc.), é bom criar e-mails voltados para quem está perto de atingir o limite e sugerir a migração para um plano superior. O Skype, por exemplo, sempre envia um e-mail avisando quando o crédito da pessoa está para acabar e sugere a ativação do recurso de recarga automática.

E-MAIL MARKETING PARA INDICAÇÃO (REFERRAL E-MAIL)

Por seu caráter pessoal, o e-mail é excelente para indicações. Se uma amiga lhe envia um e-mail para contar que está adorando um produto, a probabilidade de que você venha a experimentá-lo é bem maior do que se tivesse visto ao acaso um comentário dela no Facebook.

Para conseguir referências, o Groupon incentiva as pessoas a comentar com os amigos sobre uma promoção. É que um desconto no Groupon só se concretiza se houver um mínimo de pessoas interessadas. Ou seja, se você quiser 50% de desconto na Cheesecake Factory, precisa enviar um e-mail a todos os amigos para que a promoção aconteça.

Essa tática de indicações foi um fator importante no crescimento do Dropbox. Para conseguir mais espaço grátis na plataforma, o usuário mandava um "referral e-mail" pedindo aos amigos que se inscrevessem no Dropbox. Se esse amigo abrisse uma conta na plataforma, ele e o outro ganhavam mais espaço de armazenamento na nuvem sem pagar nada. Esse programa de indicações por e-mail foi o maior motor de crescimento da empresa e lhe trouxe dezenas de milhões de usuários.

Certos aplicativos, e até empresas B2B, como a Asana, pedem ao usuário que importe seus contatos para compartilhar o site com amigos. Essa tática tem componentes de marketing viral e e-mail marketing e pode ser altamente eficaz. Aliás, muitos dos produtos virais que conhecemos (Hotmail, Facebook, LinkedIn) cresceram por saber usar o e-mail marketing de maneira inteligente.

Táticas de e-mail marketing

Quando se fala em e-mail, assegurar a entrega ou distribuição é crucial. Por várias razões técnicas, sua mensagem pode não estar chegando ao destinatário. A maioria das empresas usa um provedor de e-mail marketing, como o MailChimp ou o Constant Contact, para enviar suas mensagens. Esses provedores ajudam a garantir a entrega.

Assim como em outros canais de tração, fazer testes é fundamental para maximizar o impacto do e-mail marketing. Uma boa campanha de e-mail faz testes A/B de tudo quanto é variável, por exemplo: assunto, formato, imagens, horário de envio. Este último é especialmente relevante para conseguir taxas de abertura maiores: muitos sugerem enviar o e-mail entre as nove da manhã e o meio-dia (no horário do destinatário) ou na hora em que a pessoa fez o cadastro para receber seus e-mails.

Uma vantagem do e-mail marketing é que a empresa tem o feedback do cliente. Uma dica de Colin é não usar endereços do tipo "noreply" (como noreply@facebook.com). É melhor aproveitar a oportunidade para enviar o e-mail automatizado de um endereço pessoal e permitir que o destinatário responda com perguntas ou problemas que precisam de solução. Isso pode ser ótimo para o atendimento, para a solicitação de recursos e para o upselling dos clientes atuais.

Por último, essa comunicação toda não vai ter nenhum efeito se os e-mails não forem bem redigidos. Uma campanha de e-mail pode dar um excelente resultado com a escolha certa de palavras e títulos.

METAS

- **Personalize suas mensagens de e-mail marketing.** O e-mail marketing é um canal de tração pessoal. Uma mensagem de sua empresa divide espaço, na caixa de entrada de e-mail do destinatário, com mensagens de pessoas do círculo mais íntimo dele.

- **Faça uma lista de e-mails de potenciais clientes, ainda que acabe não apostando nesse canal de tração.** O e-mail marketing pode ser usado em qualquer etapa do relacionamento com o cliente, incluindo a aquisição, a ativação, a retenção e também a geração de receita.

- **Crie uma sequência automatizada de e-mails.** Muitas vezes chamada de "ciclo de vida" ou "drip marketing", essa técnica dá mais resultado quando a série de e-mails se adapta à maneira como a pessoa interagiu com seu produto.

- **Use ferramentas digitais para testar e otimizar suas campanhas de e-mail.** Essas ferramentas trazem templates e recursos para testes A/B e monitoram taxas de abertura e de cliques.

CAPÍTULO QUINZE

MARKETING VIRAL

O marketing viral permite fazer com que clientes indiquem seu produto a outras pessoas. Esse canal de tração é ativado, por exemplo, quando aparece em seu feed do Facebook uma notificação de que um amigo postou algo no Pinterest ou quando você recebe um e-mail automático de um amigo informando sobre um produto.

No contexto das startups, "viralizar" significa que todo usuário adquirido traz *pelo menos um outro usuário* e que esse novo usuário traz pelo menos mais um, e assim sucessivamente, levando a empresa a crescer de maneira exponencial. Embora difícil de sustentar, esse canal de tração foi o que puxou o crescimento explosivo de startups como Facebook, Twitter e WhatsApp.

Por melhor que seu produto seja, nada garante que terá um crescimento viral de verdade. No entanto, não importa: esse canal é tão bom que, ainda que o crescimento não seja exponencial, em geral será forte o suficiente. Quando um loop viral funciona, a empresa consegue muitos clientes — e com um custo de aquisição baixo.

Faça a conta. Suponhamos que cada cliente que se cadastra em seu site indique outro já na primeira semana. Nesse intervalo, você vai passar de 10 para 20 clientes — a partir daí, o número continuará dobrando a cada semana, sem nenhuma ação de marketing adicional. Esse é o verdadeiro crescimento viral.

Se só metade de seus clientes indicar um amigo — o que não é nada mau —, vai demorar bem mais para ir de 10 a 20 usando só esse canal. No entanto, ainda assim, o marketing viral está ajudando sua empresa a conseguir dois clientes para cada um adquirido. Neste capítulo, veremos em detalhes como é a matemática viral.

Fomos falar com Andrew Chen, criador do Muzy (um aplicativo com mais de 25 milhões de usuários) e um dos grandes nomes do marketing viral. Segundo ele, com a transformação do Facebook, do e-mail e de lojas de apps em "superplataformas", cada uma com bilhões de usuários ativos, esse canal de tração fica cada vez mais importante e uma empresa pode viralizar mais depressa do que nunca. Dropbox, Instagram, Snapchat e Pinterest são excelentes exemplos disso, pois todos se valeram da viralidade por meio dessas superplataformas para adquirir dezenas de milhões de usuários no intervalo de poucos anos.

Estratégia de marketing viral

A estratégia de marketing viral começa e termina com os loops virais. Trata-se de um processo que, em sua versão mais básica, acontece em três etapas:

1. Um cliente tem contato com seu produto ou serviço.
2. Esse cliente fala de seu produto ou serviço a outros potenciais clientes.
3. Esses potenciais clientes têm contato com seu produto ou serviço e alguns deles também se tornam clientes.

o processo então se reinicia com essa nova leva de clientes. Ele é chamado de "loop", porque, como um ciclo, se repete ao ser concluído, ou seja, seus clientes indicam a empresa a outros potenciais clientes, que, por sua vez, a indicam a outros, e por aí vai.

CAPÍTULO QUINZE

Embora loops virais tenham sempre a mesma estrutura, cada empresa os executa a sua maneira. O ciclo do Dropbox é diferente do ciclo do Pinterest, que é diferente do ciclo do Skype. Vamos descrever os principais tipos de loops virais e mostrar como foram usados por algumas empresas para triunfar no mercado.

A versão mais antiga da viralidade é aquela na qual o produto é tão espetacular que as pessoas naturalmente comentam com os outros. Foi esse boca a boca que puxou o crescimento inicial do Facebook entre os universitários nos Estados Unidos, antes que a rede social começasse a criar ganchos virais mais explícitos (convites por e-mail, adição de amigos usando a lista de contatos etc.). O boca a boca também já fez muitos filmes, livros, dietas e programas de TV bombarem.

A viralidade é considerada inerente quando a pessoa só pode tirar pleno proveito de um produto se chamar mais pessoas para usá-lo. Se apenas você tiver o Skype, por exemplo, o aplicativo não serve para nada. O Snapchat e o WhatsApp também entram nessa categoria. Essa forma de viralidade vem com a vantagem dos "efeitos de rede": o valor da rede cresce à medida que mais pessoas entram nela, isto é, quanto mais pessoas estiverem usando o Skype, maior o valor dele.

Em outros casos, incentivar a colaboração faz o produto crescer, pois ele vai ficando mais útil quanto mais pessoas o estiverem usando. O Google Docs é útil por si só, mas tem muito mais valor quando utilizado de modo colaborativo. Esse loop viral pode levar mais tempo para se fechar se seus clientes não tiverem a necessidade imediata de colaborar. Quando têm, no entanto, logo surge um efeito de rede fortíssimo, porque o serviço se torna uma ferramenta fundamental para a colaboração.

Incorporar a viralidade na comunicação usando o próprio produto é outra saída comum. O Hotmail se valeu da chamada "Ganhe uma conta de e-mail grátis com o Hotmail. Assine agora". A Apple faz a mesma coisa com a frase "Enviado do meu iPhone". O resultado é que toda mensagem enviada faz publicidade do produto. Muitos aplicativos adotam a mesma tática com sua versão grátis. MailChimp, Weebly, UserVoice e Desk.com automaticamente usam e-mails e sites de clientes da versão gratuita para promover a marca, e essa propaganda só será eliminada se o usuário migrar para a versão paga.

Os produtos podem ainda incentivar o cliente a avançar pelo loop viral para apresentá-los a terceiros. O Dropbox dá mais espaço de armazenamento a quem convence os amigos a abrir uma conta. Airbnb, Uber, PayPal e Gilt dão crédito a quem indica o serviço a conhecidos.

Empresas como Reddit e YouTube cresceram de maneira viral incorporando botões e widgets ao produto. Na página de cada vídeo, por exemplo, o YouTube dá o trechinho de código necessário para incorporar aquele vídeo a outro site. O leitor provavelmente já viu botões do Facebook e do Twitter em muitos sites. É um recurso que incentiva o compartilhamento e expõe o produto a mais e mais pessoas.

Outro tipo de loop viral tira partido de redes sociais para atrair mais clientes para um produto ou serviço. Nesse caso, a atividade de um usuário é divulgada para seus contatos na rede, normalmente mais de uma vez. Se você usa o Facebook, apostamos que já viu seus amigos curtindo textos de outros sites, ouvindo música no Spotify ou marcando imagens no Pinterest.

Vale a pena pensar em como cada um desses loops virais poderia ser usado para seu produto ou serviço. E também é possível combiná-los. Aliás, quando você colocar vários formatos distintos para trabalhar juntos, seus loops virais serão muito mais fortes.

Vejamos o caso do Uber. Como é comum uma pessoa pegar um táxi acompanhada de outra, cada uso do serviço poderia servir para uma demonstração a um novo cliente potencial. Essa é uma forma de viralidade inerente, pois uma pessoa pode naturalmente estar com outra ao pegar um Uber. Aí há também traços da viralidade colaborativa e da incentivada, porque em geral vale a pena pegar um Uber acompanhado, tanto logística como financeiramente falando.

Para entender bem o conceito do loop viral e saber se o marketing viral pode funcionar em seu caso, é preciso fazer um cálculo rápido. Essa matemática viral vai ajudá-lo a descobrir se falta muito ou pouco

CAPÍTULO QUINZE

para sua empresa ganhar tração com esse canal e em que áreas é preciso se concentrar. Os dois principais fatores do crescimento viral são o coeficiente viral e o tempo do ciclo viral.

A fórmula do coeficiente viral é:

$K = i *$ porcentagem de conversão

em que K é o número de clientes adicionais que cada cliente adquirido pode trazer; i, o número de convites enviados por usuário; e porcentagem de conversão, a porcentagem de clientes que se cadastram ou abrem uma conta depois de receber um convite. Por exemplo, se seus clientes enviam em média três convites e duas dessas pessoas se convertem em novos clientes, seu coeficiente viral é:

$K = 3 * (2/3) = 2$

Se você conseguisse 100 clientes novos em uma semana, esse grupo enviaria 300 convites e, com isso, outros 200 clientes se cadastrariam. Isso é crescimento viral.

Qualquer coeficiente viral acima de 1 vai produzir um crescimento exponencial, ou seja, cada novo usuário traz mais de um usuário adicional. E qualquer coeficiente viral acima de 0,5 já ajuda a empresa a crescer de modo considerável.

Duas variáveis afetam o coeficiente viral. A primeira é o número de convites *(i)* que cada usuário envia. Se você conseguir aumentar essa média — de um convite por usuário para dois, digamos —, seu coeficiente viral dobrará. Para elevar o máximo possível esse número, considere incluir recursos que incentivem o compartilhamento, como postagens em redes sociais.

A segunda variável é a porcentagem de conversão. Se estiver sendo compartilhado, mas não atraindo novos clientes, seu produto não vai viralizar. Assim como no caso dos convites, se você dobrar a porcentagem de conversão (testando diferentes fluxos de sign-up, por exemplo), seu coeficiente viral também dobrará. Um bom fluxo de sign-up reduz o atrito ao simplificar as coisas, eliminando, por exemplo, etapas do processo de assinatura ou campos em formulários de cadastro. Vejamos o caso de um aplicativo digital típico. Como as etapas de conversão exigem, em geral, que a pessoa clique em um link e preencha um formulário para criar uma conta, seria possível desmembrar a porcentagem de conversão em duas porcentagens.

K = i * porcentagem de conversão = i * porcentagem de click-throughs * porcentagem de sign-ups

Desmembrando a porcentagem de conversão, descobre-se qual é o ponto mais fraco da equação. Sua porcentagem de click-throughs pode ser ótima, mas a de sign-ups não. Ao se concentrar na área que está deixando a desejar, o impacto positivo pode ser maior.

O tempo do ciclo viral indica quanto um usuário demora para percorrer o loop viral. Por exemplo, se a conversão de quem recebe um convite em cliente levar em média três dias, o ciclo será de três dias.

Dois loops virais com coeficiente viral idêntico, mas ciclos virais de duração diferente, terão resultados radicalmente distintos — quanto mais curto o ciclo, melhor. Isso explica o crescimento explosivo de empresas como o YouTube, cujo ciclo pode ser concluído em questão de minutos: alguém vê um vídeo, clica nele, entra no site, copia o link e envia para os amigos.

Encurtar o ciclo viral aumenta drasticamente o ritmo de viralização e é uma das primeiras medidas a tomar caso você decida usar esse canal. Para reduzir essa duração, crie um senso de urgência ou incentive o cliente a avançar por seus loops virais. Outra medida é *simplificar o máximo possível* todo passo do funil para aumentar o número de pessoas que o percorrem até o fim. O YouTube deixa os códigos bem à vista justamente para que qualquer um possa incluir em seu site ou blog os vídeos postados ali.

CAPÍTULO QUINZE

Táticas de marketing viral

Para usar bem esse canal de tração, é preciso calcular seu coeficiente viral e o tempo do ciclo viral logo no início e usar esses resultados como referência. Partindo desse ponto, a ideia é elevar o coeficiente viral e reduzir o tempo do ciclo viral a níveis que atraiam um número de clientes novos suficiente para fazer a empresa crescer a um ritmo sustentável.

Sugerimos fazer o máximo possível de testes A/E. O mais indicado é se concentrar por algumas semanas em uma área importante (a taxa de conversão de quem se cadastrou, por exemplo), tentando tudo o que vier à cabeça para melhorar essa métrica, e só quando se esgotarem as ideias passar para outra métrica a ser melhorada. Andrew avisa que o processo pode ser demorado:

> Até equipes experientes podem exigir um ou dois engenheiros trabalhando de dois a três meses, no mínimo, para implementar e otimizar um novo canal viral e levá-lo ao ponto em que cresce depressa, sem qualquer gasto com publicidade. Quando a coisa pega embalo, fica mais fácil melhorar o produto aos poucos e crescer. No entanto, para que isso aconteça, são necessários uma estratégia forte, tempo e recursos consideráveis.
>
> Ao traçar sua estratégia inicial para loops virais, crie um dashboard [painel] simples com tudo o que precisa ser feito para o produto viralizar. Veja como os novos usuários ajudam a adquirir outros usuários e faça muitos testes A/B (vários por semana) para tentar melhorar essas métricas.

A melhor maneira de preparar esses testes é mapear cada etapa de seu loop viral. Quantas etapas esse circuito tem? Por quais vias alguém pode entrar no loop (landing pages, anúncios, convites)?

Trace, literalmente, um mapa de todo o processo. Tente eliminar etapas desnecessárias (páginas de sign-up que estejam sobrando, formulários ou campos para preenchimento desnecessários etc.) e criar mais áreas ou mecanismos nos quais o cliente possa enviar um convite a outra pessoa. Isso vai melhorar sua equação viral, pois aumenta o total de convites enviados e a porcentagem de conversão.

Conversamos com Ashish Kundra, criador da rede de namoro myZamana, da Índia, sobre a eficácia de mecanismos de compartilhamento. Segundo ele, embora haja muitos mecanismos de viralização disponíveis, um produto só vai ter sucesso de verdade se as pessoas gostarem dele e o usarem sempre.

Para incentivar o uso, a myZamana envia e-mails aos usuários com base naquilo que eles costumam fazer no site. À medida que a pessoa usa a plataforma, suas ações geram convites para outros usuários ("Mark gostou de você!", por exemplo). Quanto mais pessoas utilizam o produto, mais notificações são disparadas.

Em geral, o primeiro contato de um não usuário com um produto ocorre quando a pessoa recebe um convite de alguém que já é usuário. Cabe ao não usuário decidir o que fazer com o convite — se vale a pena conferir ou não. Sua meta, ao criar esse convite, é fazer o potencial cliente se interessar pelo produto e clicar no link (ou dar o passo seguinte) indicado pelo convite.

O melhor, em geral, é ser breve e direto. Para entender o que queremos dizer, cadastre-se nos serviços mais virais que puder imaginar. Fora isso, ganchos pessoais ajudam muito.

Todo mundo deve estar saturado de informações sobre serviços que não usa, o que faz muita gente pensar duas vezes antes de se cadastrar para receber um produto que não conhece em primeira mão. Só que crescer de maneira viral é impossível com uma baixa porcentagem de sign-ups, pois não há como ter um coeficiente viral decente desse jeito.

É por isso que certas empresas deixam a pessoa usar parte do produto sem se cadastrar. Isso permite que aquele prospect teste o produto sem compromisso algum.

Quando recebe um convite, o potencial cliente entra na chamada página de conversão. Para dar melhores resultados, essa página deve trazer a mesma mensagem usada no convite. Assim, se no convite foi

CAPÍTULO QUINZE

dito que fulano indicou o produto para aquela pessoa, é preciso repetir essa mesma mensagem na página de conversão.

Saber exatamente por que alguém está clicando em seus links e se cadastrando (por curiosidade, por obrigação, pelo que for) vai ajudá-lo a pensar em soluções melhores para incrementar seu loop viral. Pesquisas, sites como o UserTesting.com e perguntas feitas diretamente às pessoas são ótimas maneiras de descobrir essas razões.

Eis uma lista dos aspectos mais comuns a testar e otimizar:

- botões x links de texto;
- posição dos CTAs ("call to actions");
- tamanho, cor e contraste dos botões;
- velocidade da página;
- imagens;
- títulos;
- texto do site;
- depoimentos;
- indícios de "prova social" (como fotos de clientes felizes, cases, citações pela mídia e dados sobre o uso do produto);
- número de campos em formulários;
- permissão para que os usuários experimentem o produto antes de fazer o cadastro;
- facilidade de sign-up (login com conta de Facebook, Twitter etc.); e
- duração do processo de sign-up (quanto mais curto o processo de cadastro, maior será a porcentagem de conversão).

Trabalhe, primeiro, em mudanças que, se derem certo, fariam uma métrica importante melhorar bastante — de cinco a dez vezes. Pode ser algo como uma nova sequência de respostas automáticas a e-mails, uma mudança no layout do site ou um fluxo de onboarding diferente. Antes de otimizar coisas menores, faça essas grandes mudanças.

Quase nenhuma otimização é pequena demais para ser testada — substituir uma palavrinha em um título, por exemplo, pode ter um impacto elevado. E, como o crescimento viral se acumula, um avanço de 1% pode fazer grande diferença no longo prazo.

No caso do crescimento viral (ou quase viral), sempre haverá subgrupos de clientes crescendo muito mais depressa do que a base total — são os chamados "bolsões virais". Para saber se você tem bolsões virais, calcule o coeficiente viral de distintos subgrupos de clientes, como os de determinado país, de certa faixa etária ou outro atributo qualquer.

Seu negócio pode estar decolando na Indonésia, mas deixando a desejar na Austrália, por exemplo. Se você descobrir um bolsão viral, talvez seja bom falar diretamente a esse grupo — otimizando o texto na língua nativa dessas pessoas ou tomando qualquer outra atitude para melhorar sua experiência.

Uma vez que a maioria dos loops virais não se sustenta por si só, será preciso um fluxo constante de novos clientes para alimentar esse circuito. É um processo de semeadura ("seeding"). Ao prospectar novos clientes para seu loop viral, procure pessoas em seu público-alvo que ainda não tiveram contato com seu produto. SEO e publicidade digital são soluções boas e baratas para essa semeadura.

Conclusão

Por causa do potencial de aquisição de clientes sem gastar nada, muitas startups tentam viralizar. Segundo Andrew Chen, os erros cometidos por essas empresas costumam ser os mesmos:

- tentar incluir um punhado de recursos virais em produtos que não são inerentemente virais;
- buscar viralizar um produto ruim que não agrega valor;

- não fazer testes A/B em volume suficiente para realmente melhorar o produto (na tese de que, de cada dez, um a três vão dar resultado positivo);
- não entender como os usuários estão se comunicando/compartilhando no momento e seguir cegamente as "melhores práticas" (simplesmente incluir um botão de "curtir" do Facebook!);
- não buscar coaching/orientação de quem realizou o mesmo processo antes; e
- encarar a viralidade como uma tática, e não como um aspecto profundo da estratégia do produto.

Como disse Andrew na entrevista, a melhor maneira de descobrir o loop certo a criar é bem simples: copiar quem já fez isso.

> Para quem está começando, o mais fácil é copiar o loop viral de outra empresa ou pessoa até que o seu comece a funcionar do mesmo jeito. É importante copiar o loop nos mínimos detalhes, incluindo texto etc., pois foi isso que deu resultado.
>
> Crie algo que o usuário vá querer, que tenha utilidade para ele. Sem contatos, o Skype não serve para nada — e é por essa razão que, ao ajudar a importar a lista de contatos e convidar os outros, você está prestando um serviço à pessoa.

Ainda que não consiga um efeito realmente viral, esse canal pode contribuir para um crescimento rápido, pois potencializa iniciativas em outros canais de tração. Se você estiver recebendo um fluxo contínuo de novos clientes por outros canais, crie um loop viral para atrair mais e mais clientes.

Metas

- **Crie um loop viral para o produto.** Há várias formas de loop viral: boca a boca, incentivos, inerente, colaborativo, comunicativo, incorporado e social. É possível combinar e trocar formatos de acordo com o momento, mas em geral esses loops devem ser incorporados ao produto para dar resultado.

- **Reduza o tempo do ciclo viral.** Quanto mais curto o ciclo, mais loops haverá e mais depressa a empresa vai crescer.

- **Descubra os bolsões virais.** É possível que você já tenha viralizado em algum subgrupo de clientes. Encontre esse subgrupo e concentre-se nele.

- **Faça testes sistematicamente — mais do que em qualquer outro canal.** Para que a estratégia viral dê certo, é preciso estar sempre testando, medindo, experimentando coisas novas. Tudo depende dos números e da criatividade. Até pequenas mudanças podem ter grande impacto ao longo do tempo. Em geral, um bom loop viral tem elementos extremamente simples (formulários, texto, e-mail etc.).

CAPÍTULO DEZESSEIS

ENGENHARIA COMO MARKETING

Sua equipe de engenharia de software pode ajudar sua startup a ganhar tração. Como? Incorporando ao produto ferramentas e recursos que o façam chegar a mais pessoas. Esse canal de tração é chamado engenharia como marketing ("engineering as marketing"). Significa criar coisas úteis como calculadoras, widgets e microsites educacionais para expor a startup a potenciais clientes.

Essas ferramentas geram leads e ampliam a base de clientes. Neste capítulo, mostraremos como empresas como HubSpot e RJMetrics usaram esse canal, que é subaproveitado, para crescer depressa.

Estratégia de engenharia como marketing

A HubSpot, que é especializada na automação do marketing, chegou a um faturamento de dezenas de milhões de dólares em um intervalo de poucos anos. Como conseguiu? Em parte, com uma ferramenta gratuita de avaliação do marketing, o Marketing Grader.

Quem busca um relatório customizado sobre uma campanha de marketing digital (menções em redes sociais, compartilhamento de posts em blogs, dados básicos de SEO) precisa apenas digitar o endereço do site no Marketing Grader. A ferramenta é grátis e dá informações valiosas. Também rende à HubSpot informações usadas para qualificar o lead. Afinal, alguém interessado em saber se o marketing de um site vai bem ou não é potencialmente um bom cliente para o principal produto da HubSpot. É um lead dos bons.

Falamos com o criador da HubSpot, Dharmesh Shah, sobre o Marketing Grader. A história do produto ajuda a entender de onde nascem ideias para ferramentas de engenharia como marketing.

A história de como o [Marketing] Grader surgiu é interessante.

Na época, a HubSpot tinha só três pessoas, então eu e meu cofundador [Brian Halligan] também tínhamos de "vender" (lá no começo, muitas dessas vendas eram para amigos e para amigos desses amigos). No meu caso, um dos primeiros passos do processo de vendas era tentar descobrir se o site de uma empresa era bom ou não no inbound marketing. Brian vivia me mandando links de sites para eu analisar e descobrir se era um bom lead ou não.

Depois de uns dias fazendo isso, cansei daquele processo manual (checar Alexa, analisar títulos nas páginas do site, o domínio etc.). Resolvi criar um aplicativo para automatizar esse processo para mim. Paralelamente, tinha começado a investir em outros projetos na época e usava o mesmo processo para avaliar se essas candidatas a startup sabiam fazer marketing. Quando o aplicativo ficou pronto (a versão inicial demorou poucos dias), achei que podia ser útil para outras pessoas também, daí registrei o domínio "websitegrader.com" e disponibilizei a ferramenta publicamente. A certa altura, começamos a pegar endereços de e-mail pelo aplicativo e a aprimorar o produto.

Desde que foi lançado, em 2006, o Marketing Grader já analisou mais de 5 milhões de sites, e, segundo Dharmesh, a ferramenta é responsável por grande parte dos mais de 50 mil leads que a HubSpot consegue por mês.

E por que o Marketing Grader contribui tanto para a HubSpot? Porque satisfaz muito bem uma necessidade do público-alvo da empresa e acaba sendo um jeito natural de gerar leads para o funil de vendas dela. A engenharia como marketing foi tão eficaz no caso da

CAPÍTULO DEZESSEIS

HubSpot porque o Marketing Grader complementa muito bem seu principal produto.

Outra empresa que arrasa na engenharia como marketing é a Moz, líder em software de SEO. Duas de suas ferramentas gratuitas — Followerwonk e Open Site Explorer — já geraram milhares e milhares de leads para a Moz. Assim como o Marketing Grader, elas trazem a solução para um problema que um cliente ideal da Moz tem. O Followerwonk analisa seus seguidores no Twitter e dá dicas para aumentar esse público. O Open Site Explorer mostra de onde estão vindo os links para seu site — uma informação valiosíssima para qualquer campanha de SEO.

Um aspecto muito importante de tais ferramentas é a facilidade de uso: basta entrar no site e digitar no lugar indicado um domínio na internet ou um nome no Twitter. Quando alguém utiliza uma ferramenta dessas, a empresa pode começar a interagir com esses leads por meio de outros canais de tração, como vendas e e-mail marketing.

A WP Engine, provedora de hospedagem no WordPress, é outro ótimo exemplo de empresa que sabe usar muito bem esse canal. Embora o mercado de hospedagem esteja saturado — há centenas de concorrentes —, ela lidera o segmento de hospedagem high-end no WordPress. Isso se deve, em parte, a uma ferramenta gratuita que verifica a velocidade de carregamento de sites no WordPress.

A WP Engine pede apenas o e-mail do interessado em troca de um relatório detalhado sobre a velocidade do site em questão. A ferramenta também oferece um curso grátis sobre como melhorar a velocidade do site. De posse do e-mail do lead, a WP Engine manda dicas sobre como fazer um site carregar mais rápido e encerra a comunicação com um pitch de vendas.

Dharmesh contou que acha útil encarar essas ferramentas como um *ativo* de marketing com retornos constantes, e não como uma publicidade que dá uma turbinada isolada no negócio.

Engenharia como Marketing

Vejo essas ferramentas gratuitas como conteúdo (embora conteúdo interativo). Na HubSpot, acreditamos muito em canais de marketing com alta alavancagem (ou seja, algo que, depois de criado, gera valor para sempre). Daí termos uma abordagem muito geeky e analítica do marketing. Vemos cada unidade de conteúdo (artigo no blog, aplicativo, vídeo, seja o que for) como um ativo de marketing. E esse ativo dá retorno — em geral indefinidamente.

Confrontamos isso com a compra de um anúncio, que não escala tão bem. Quando você anuncia, o dinheiro gasto é o que determina a atenção que você vai receber. Quer mais cliques? Gaste mais. Comparemos isso com o inbound marketing, no qual o custo de produzir conteúdo é relativamente constante. Mas, se gerar dez vezes mais leads em um mês, o custo marginal desses leads adicionais é quase zero. Além disso, com publicidade (outbound marketing), o tráfego geralmente cessa quando você para de gastar. Com o inbound marketing, mesmo *depois* que você deixar de produzir conteúdo novo, o conteúdo antigo pode continuar a trazer visitantes e leads.

O argumento para investir recursos de engenharia no marketing ganha muito mais força quando as ferramentas que esse canal de tração produz são vistas como um ativo. Essas ferramentas têm o potencial de virar uma fonte constante de leads que vão gerar o grosso de sua tração.

Táticas de engenharia como marketing

Uma forma de potencializar seus resultados nesse canal de tração é aproveitar o chamado comportamento cíclico. Vejamos o exemplo de um microsite da Codecademy, o Code Year, lançado no início de 2012. Muitas pessoas dizem querer aprender a programar, mas poucas vão em frente. Pensando nisso, o Code Year pediu que os visitantes cadastrassem o e-mail para receber uma aula de programação por semana — de graça — durante o ano de 2012. Mais de 450 mil pessoas se inscreveram na página CodeYear.com, o que quase dobrou a base de usuários da Codecademy na época.

O Bingo Card Creator, de Patrick McKenzie, também cria microsites temáticos para o Halloween, o Natal e outras datas comemorativas. Como são vinculados a um evento que se repete, a empresa pode usá-los ano após ano. No caso da Codecademy, a pessoa na verdade pode se inscrever para o Code Year em qualquer momento do ano para receber aquela aula semanal grátis.

Quando Gabriel postava algo em seu blog sobre buscadores e privacidade, a repercussão era grande. Ao trocar ideias com o público em redes sociais, ficou claro para ele que o assunto despertava muito interesse. Daí a ideia de criar um microsite para tratar da questão mais a fundo e, ao mesmo tempo, promover seu buscador, o DuckDuckGo, a um público maior.

Em 2011, Gabriel criou o microsite DontTrack.us para mostrar como o Google registra tudo o que é buscado nele e por que isso pode prejudicar o usuário. O site teve muita repercussão e viralizou. Ao mesmo tempo, quem entrou ali descobriu que o DuckDuckGo não rastreia seus passos na internet nem guarda informações pessoais.

Passada a onda inicial de publicidade e usuários, o microsite permanece útil, com um tráfego continuamente alimentado por eventos tanto imprevistos (como os vazamentos sobre a agência de segurança norte-americana NSA) quanto previstos (como o caso do Data Privacy Day). Usuários do DuckDuckGo costumam indicar o site a pessoas próximas e a explicar o problema da falta de privacidade na internet. A estratégia deu tão certo que hoje o buscador tem vários microsites.

Para maximizar o impacto, microsites e ferramentas devem ter um domínio próprio. É uma tática simples, que traz duas vantagens: a primeira é facilitar, e muito, o compartilhamento do site; a segunda, turbinar o SEO, pois, ao usar um nome que aparece com frequência em buscas, fica naturalmente mais fácil descobrir a ferramenta.

Chris Fralic, que foi diretor de desenvolvimento de negócios do Delicious e da Half.com, contou que criar um widget do Delicious mais do que triplicou a adoção da ferramenta para guardar favoritos.

Quantas vezes você já viu o botão de compartilhar do Facebook e do Twitter em um site? Para cada plugin desses (botões do Facebook,

StumbleUpon, Google+, Twitter), uma empresa usou recursos de programação para criar uma ferramenta de marketing que foi incorporada ao site. Esses plugins geram engajamento, tráfego e tração para essas plataformas sociais e para os sites que usam as ferramentas.

Case: RJMetrics

Fomos falar com Robert Moore, fundador da RJMetrics (especializada em analytics de comércio eletrônico), para saber de que modo foi usado esse canal de tração, responsável pelo grosso dos leads e das vendas da empresa. Engenheiro de formação, Robert contou que começou a usar seu domínio de programação para conquistar clientes desde que criou a companhia.

Para começar, a RJMetrics usa o próprio produto para descobrir tendências interessantes em sites sociais populares como Twitter, Tumblr, Instagram e Pinterest. Foi o caso de um post bem popular sobre as listas do *BuzzFeed* intitulado "BuzzFeed Posts: What's the Magic Number for 'Best Of' Lists?". Um texto desses produzia um grande salto no tráfego logo depois de postado e muitas oportunidades na cauda longa, pois o conteúdo seguia atraindo leitores ao longo do tempo. Robert disse que a empresa volta e meia é procurada por jornalistas de publicações importantes que querem dar a RJMetrics como fonte. O OkCupid tem estratégia parecida (tratada no capítulo sobre marketing de conteúdo).

Embora esse reforço da engenharia tenha contribuído para o marketing de conteúdo da RJMetrics, a empresa só começou a apostar sério nesse canal quando passou a desenvolver ferramentas e microsites. Ela cria conteúdo para domínios de sua propriedade, como o cohortanalysis.com e o querymongo.com, cujas palavras-chave seriam buscadas por um potencial cliente seu.

No caso do querymongo.com, a RJMetrics criou uma ferramenta que traduz queries em SQL para MongoDB (duas linguagens de banco de dados). É algo útil para desenvolvedores ou gerentes de produtos que começaram a usar MongoDB, mas ainda estão mais familiarizados com SQL. A ferramenta também gera leads para a RJMetrics, pois qualquer pessoa que faça análise de dados é um cliente potencial de seu principal produto. O querymongo.com é o microsite com maior tráfego da empresa e gera centenas de leads por mês.

Segundo Robert, a RJMetrics busca um ROI alto na programação: se um punhado de dias do pessoal de engenharia puder gerar centenas de leads, sempre que for possível o investimento será feito.

Conclusão

A engenharia como marketing produz recursos duradouros que podem ser o motor de seu crescimento. Zack Linford, criador da Optimozo e da Conversion Voodoo, explicou que criar ferramentas pode não só ajudar na divulgação da marca e no SEO, mas também promover a proposta de valor do produto. Nas palavras dele:

> Criar ferramentas bacanas, que tenham utilidade para seu público-alvo, é uma boa maneira de ganhar tração. Além disso, também dá frutos mais adiante, pois contribui para o SEO. Um roteiro simples para executar essa estratégia técnica inclui:

- oferecer de graça algo realmente útil, sem exigir nenhuma contrapartida;
- garantir que esse produto seja extremamente relevante para seu core business; e
- demonstrar essa utilidade o mais rápido possível.

Quando cria alguma coisa de valor para potenciais clientes, a empresa consegue mais leads, fortalece a marca, gera mais awareness (consciência da marca) e, de quebra, resolve um problema para o público que quer atingir.

Dharmesh lembrou que, por ser pouco usada, a engenharia como marketing é um canal ainda mais valioso.

Sou um grande defensor do uso da engenharia como marketing, mas sou suspeito, pois sou engenheiro. E, claro, há muitos outros canais de marketing disponíveis, mas criar aplicativos tem um perfil de investimento/retorno especial. Já que criar um aplicativo popular é consideravelmente mais difícil, menos pessoas optam por isso; logo, o canal de "aplicativos gratuitos" em geral é menos saturado.

As empresas que usam esse modelo de aplicativos da melhor maneira são as de software, pois podem lançar aplicativos (...) complementares de graça. Isso não só gera um valor que atrai clientes, como também educa as pessoas sobre a função do produto principal.

É difícil ver uma empresa investindo recursos de engenharia em algo que não seja o desenvolvimento de produtos. É que o foco técnico em qualquer outra coisa parece dinheiro jogado fora, pois o tempo da engenharia é muito caro. O resultado é que a maioria dos empreendedores e gerentes de produto utiliza todos os recursos de programação a seu dispor para tentar melhorar um produto ou serviço que pode estar tendo dificuldade para atrair clientes. Não caia nesse erro. Vale a pena usar parte do tempo do pessoal de engenharia para criar uma ferramenta que faça o ponteiro de tração avançar.

Metas

- **Elabore um site independente e de baixo atrito para engajar potenciais clientes.** Crie um elo natural com seu principal produto. É mais fácil justificar o uso de recursos de engenharia para promover a marca quando essas ferramentas de marketing são vistas como ativos que vão gerar leads por muito tempo com um baixo investimento inicial.

- **Busque ideias de sites e ferramentas na própria empresa.** Talvez você já tenha começado a desenvolver algo para uso interno que também possa interessar aos clientes potenciais. Outra tática é criar um microsite sobre um assunto que bombou em um blog.

CAPÍTULO DEZESSEIS

- **Simplifique ao máximo.** Ferramentas com uma única finalidade, que resolvem um problema óbvio, são as melhores. Devem ter um site só seu e ser fáceis de achar, sobretudo por buscadores.

CAPÍTULO DEZESSETE

BUSINESS DEVELOPMENT (BD) OU DESENVOLVIMENTO DE NEGÓCIOS

Há uma grande diferença entre o desenvolvimento de negócios (ou BD, na sigla em inglês) e a atividade de vendas. Nesta, a ideia é receber dinheiro por um produto. Já no desenvolvimento de negócios, o foco é gerar valor com parcerias. As vendas, a empresa vende diretamente para o cliente. No Business Development, faz uma parceria para conquistar clientes de um jeito bom para ambas as partes.

Para falar sobre isso, entrevistamos Chris Fralic, que liderou a área de desenvolvimento de negócios da AOL, da Half.com, do eBay e do Delicious e atualmente é sócio da First Round Capital. Chris contou como o BD trouxe resultados para cada uma das startups em que atuou (todas elas, de lá para cá, foram adquiridas).

Muitas empresas usam o desenvolvimento de negócios para ganhar tração. Até no Google, cujo sucesso costuma ser atribuído exclusivamente à superioridade do produto, boa parte da tração inicial veio de duas parcerias cruciais: uma firmada com a Netscape em 1999, para ser o buscador-padrão do então popular Netscape Navigator, e outra, com o Yahoo!, que na época era um dos maiores portais da internet (ainda hoje é), para rodar as buscas no site. Esses dois acordos foram fundamentais para tornar o Google o maior mecanismo de busca na internet do mundo.

Estratégia de desenvolvimento de negócios

Vejamos os principais formatos de parceria na área de BD:

Parceria tradicional: duas empresas somam forças para utilizar recursos exclusivos de uma para melhorar o produto da outra — ou de ambas. Um bom exemplo é o da parceria entre Apple e Nike. Dela nasceu o Nike+, que conecta o tênis a um iPod ou iPhone para monitorar corridas e tocar música.

Joint venture: duas empresas trabalham juntas para desenvolver algo totalmente novo. Um acordo desses costuma ser complexo, exigir grandes investimentos, estender-se por longos períodos e, às vezes, envolver a troca de ações. Quem já comprou uma garrafa de Frappuccino, da Starbucks, por exemplo, adquiriu o fruto de uma joint venture entre a Starbucks e a Pepsi que já dura uma década.

Licenciamento: gera bom resultado quando uma empresa tem uma marca forte que uma novata quer usar em alguma novidade. Em outro exemplo da Starbucks, a rede de cafés emprestou a marca a uma empresa que queria criar um sorvete inspirado em seus cafés. Já startups como Spotify e Grooveshark são, pela natureza de sua atividade, obrigadas a fazer acordos do gênero, pois não podem usar as músicas sem licenciamento das gravadoras.

Acordos de distribuição: uma parte fornece um produto ou serviço a outra em troca do acesso a potenciais clientes. Assim é estruturado o core business do Groupon, que se associa a um restaurante ou a uma loja para dar um desconto a usuários de sua lista de contatos. Paul English, fundador do Kayak, contou como um pacto de distribuição com a AOL trouxe tração inicial para sua empresa. Nessa parceria, o Kayak usou sua tecnologia de pesquisa para alimentar o mecanismo de busca de viagens exclusivo da AOL, o que imediatamente fez o tráfego disparar.

Parcerias de fornecimento: esse tipo de parceria ajuda a empresa a garantir o estoque de uma matéria-prima essencial para o produto. Como veremos, a Half.com fez vários acordos do gênero para garantir um estoque de livros suficiente quando abrisse sua livraria virtual. Outros exemplos de parcerias de fornecimento incluem o relacionamento do Hulu com canais de TV e negócios entre fornecedores e empresas como o Walmart.

O desenvolvimento de negócios pode dar resultados incríveis para sua startup. Só que ganhar tração com esse canal requer algo que poucas empresas sabem fazer: pensamento estratégico.

Para que uma parceria funcione, você precisa entender muito bem quais são os objetivos de sua empresa. Que resultados são necessários para maximizar a chance de sucesso? Como a parceria vai ajudar a companhia a chegar lá? No BD, um bom acordo está alinhado com a estratégia da empresa e do produto e focado em marcos críticos para o produto e para a distribuição. Essa parceria deve ajudar sua organização a alcançar seus KPIs (indicadores-chave), tanto os ligados ao crescimento e à receita como ao produto. Se estiver seguindo o modelo Bullseye e o Critical Path, você já deve ter definido sua meta de tração e quais números precisa bater para alcançá-la.

Soa simples e óbvio, porém na prática é difícil. Se uma grande empresa aceita trabalhar com a sua, mas de um jeito que não esteja estritamente alinhado com sua meta de tração, ainda assim a tentação é enorme. Tanto, aliás, que muitas startups vão dilapidar recursos com um acordo desses ainda que se desvie de seu caminho crítico. No desenvolvimento de negócios, é preciso ter disciplina.

Chris explicou como tratou o **BD** na Half.com:

> No caso da Half.com, havia três coisas importantes a fazer antes da inauguração. Primeiro, o site tinha de funcionar. Precisávamos de par-

ceiros de tecnologia (ainda não havia Amazon Cloud) para garantir que as pessoas realmente pudessem usar o site.

Depois, havia o estoque. Decidimos, no momento da inauguração, que tínhamos de dispor de 1 milhão de livros, filmes etc. — a cifra soava bacana, grande. Minha equipe e eu fomos ver como colocar esse produto nas prateleiras. Nossa função (antes da inauguração) era achar o produto e fazer com que fosse listado no site.

A terceira preocupação era garantir a distribuição. Para isso, criamos um dos primeiros programas de afiliados e fizemos parcerias de distribuição e marketing.

Com esses objetivos já bem definidos, Chris e a equipe conseguiram fazer parcerias e, com isso, lançar um site com uma das maiores seleções de livros e filmes já vistas.

Para criar um relacionamento mutuamente benéfico, é fundamental entender as metas do parceiro. Na opinião de Chris, muitas startups estão tão focadas no próprio umbigo e nas próprias necessidades que não param para considerar por que um acordo seria bom para um potencial parceiro.

Pesquise, informe-se e entenda o negócio do parceiro antes de pegar o telefone ou sair enviando e-mails. Você precisa compreender a situação de quem está do outro lado da mesa, quais os problemas dele.

Para dar um exemplo, tínhamos de encontrar livros pela metade do preço e montar um grande estoque. Comecei, então, a pesquisar para achar grandes saldos de inventários usados e a ligar para as pessoas, a fazer perguntas para entender como o negócio delas funcionava. Descobrimos como a mercadoria passava das editoras para as livrarias, para onde voltava e onde ia parar quando encalhava. Então, fomos fazer parcerias com esse pessoal. Cheguei a ir a Atlanta e lá trabalhei durante um dia em uma loja de livros usados.

É preciso entender *por que* um potencial parceiro poderia querer somar forças. Qual o incentivo para essa outra empresa? Se você avalia possíveis parcerias à luz de seus KPIs, saiba que o outro fará o mesmo.

CAPÍTULO DEZESSETE

Outra dica é buscar parceiros que pensem longe. Em uma grande empresa, em geral isso significa achar uma espécie de "defensor de sua causa" ou, então, trabalhar com uma empresa que já fez acordos com startups.

Infelizmente, nem toda parceria vai dar certo e, portanto, é aconselhável ter um pipeline de acordos. Charlie O'Donnell, sócio da empresa de capital de risco Brooklyn Bridge Ventures, sugere manter uma lista farta de potenciais parceiros.

> Faça uma lista exaustiva de todo possível parceiro, não só uma Condé Nast, mas toda editora de que puder se lembrar. Monte uma planilha bem simples: empresa, tipo de parceiro (editora, transportadora, revendedor etc.), contato/e-mail, porte, relevância, facilidade de uso — tudo seguido de uma nota subjetiva de prioridade. Essa lista deve ser exaustiva. Não há razão para uma empresa não ter 50 potenciais parceiros no pipeline, talvez 100, e ficar ligando, enviando e-mails e gastando sola de sapato para fechar acordos — para distribuição, para gerar receita, para publicidade ou só para bater um concorrente. Essa última razão é totalmente menosprezada: se você impressionar as 50 principais pessoas em sua área de negócio, será muito mais difícil para um concorrente fechar um contrato, pois você já será visto como o líder da categoria.

Quando tiver montado essa lista de potenciais parceiros, mande-a para seus investidores, amigos e conselheiros e veja se alguém pode fazer as apresentações.

Chris Fralic sugere dividir potenciais parceiros em categorias, com base em certas características: faturamento, alcance da distribuição ou estoques, por exemplo. Concluído esse processo, escolha de 10 a 20 parceiros para concentrar seus esforços de **BD**. Como disse Chris:

> Muitas pessoas tendem a se ater ao nome — "Esse nome é conhecido" — e a dar mais ênfase a isso do que a coisas que podem ser mais importantes. Meu conselho é avaliar os atributos do potencial parceiro. Em vez de dizer "Vou atrás da marca X", diga "Vou atrás de lojas

Business Development (BD) ou Desenvolvimento de Negócios

na internet que estejam entre as 50 e as 250 maiores no **IR** [Internet Retailer] 500 — pois isso garante certa faixa de faturamento — e que tenham um diretor de e-commerce".

Chris tentou fazer uma série de acordos durante sua passagem pelo Delicious, o site de marcadores sociais, trabalhando em parceria com *The Washington Post,* Mozilla e Wikipédia para a incorporação de tags do serviço.

Quando procurava um potencial parceiro, o Delicious já chegava com uma ideia clara de como essa outra parte se beneficiaria da parceria. No caso do *The Washington Post,* a proposta de valor era usar os marcadores sociais do Delicious de modo a otimizar o conteúdo do jornal para redes sociais. Para o jornal, a decisão de colaborar foi facilitada ainda mais pela simplicidade da integração e pelo baixo esforço exigido.

Quando o *The Washington Post* fez a integração com o Delicious, o número de sites interessados na extensão disparou devido à influência do jornal no mundo da mídia. Além disso, o acordo viabilizou outras parcerias, como a integração com o navegador Mozilla Firefox.

> Uma parceria ainda mais transformadora para o Delicious foi a que fizemos com o Mozilla. A empresa acabou promovendo a extensão do Delicious para o navegador Firefox com estardalhaço quando soltou um upgrade para o Firefox 2.0. O resultado foi que, quando uma quantidade imensa de usuários foi fazer a atualização, uma das primeiras coisas que via era a extensão do Delicious. No final, apenas com essa parceria, nossa base de usuários mais do que triplicou.

Chris frisou que uma coisa é certa: nem todo acordo será fechado (aliás, a maioria não será). O Delicious, por exemplo, tentou mas não conseguiu fazer uma parceria de integração com a Wikipédia e só ganhou tração com o desenvolvimento de negócios porque montou um pipeline grande de potenciais acordos.

Táticas de desenvolvimento de negócios

É só quando você define em que parceiros está interessado que tem início a verdadeira ação. Aí é hora de abordar esses potenciais parceiros com uma proposta de valor que deixe claro qual a vantagem de trabalhar com você. Em geral, são empresas maiores. Brenda Spoonemore, ex-VP sênior de serviços interativos da NBA, vê a coisa assim:

> O que você tem que elas [grandes empresas] precisam? Você é mais focado. Tem uma ideia e está dando a solução para um problema. Criou um conteúdo ou tecnologia e tem foco. É muito difícil fazer tudo isso em uma grande corporação.

Para começar a negociação, é preciso primeiro identificar o contato certo na empresa visada. Algumas têm uma área de desenvolvimento de negócios a cargo de parcerias, mas, dependendo do acordo, o certo é ir falar com alguém como um diretor de produto ou um executivo do alto escalão.

O mais importante é descobrir quem é responsável pela métrica que você está mirando. Se achar que a parceria vai ajudar a potencial parceira a vender mais camisetas, vá falar com a pessoa realmente responsável por vender mais camisetas. Se seu produto for ajudar a outra empresa a deixar usuários avançados mais satisfeitos, procure o verdadeiro responsável pela satisfação desses usuários. Não é porque você está oferecendo um plugin para o site que a equipe do site é a mais indicada para ouvir sua proposta.

Quando descobrir quem é essa pessoa, tente encontrar alguém que possa apresentá-lo a ela. É importante, sempre, dar a esse contato mútuo um resumão de sua proposta, algo que possa ser facilmente encaminhado. Isso feito, aproveite a ocasião e defina um cronograma para os próximos passos. Chris Fralic contou que, para ele, era crucial conseguir uma reunião ou uma conversa por telefone o mais rápido possível — às vezes, até no mesmo dia.

Passada a fase da proposta, vem a negociação dos termos do acordo. Em geral, as principais cláusulas serão duração do acordo, exclusividade, pagamentos (se houver), grau de compromisso dos parceiros, garantias porventura previstas e divisão de receita, se for o caso.

Tanto Chris como Brenda sugerem que a negociação e os termos sejam diretos (se possível, o documento deve ter apenas uma página). Quanto mais simples for trabalhar juntos (e quanto menos advogados for preciso envolver), mais fácil será a parceria.

Simplificar a negociação é um conselho particularmente bom para parcerias na área de tecnologia. Como o tempo da engenharia custa muito, faça de tudo para que trabalhar com sua empresa seja fácil para potenciais parceiros. O Delicious, por exemplo, criou uma interface personalizada para que os leitores do *The Washington Post* postassem seus favoritos. Em vez de chutar a bola para a equipe de TI do jornal, o Delicious facilitou a configuração e a instalação.

Uma vez firmado o acordo, obviamente é bom manter uma relação positiva com o novo parceiro. É importante, também, entender os fatores que viabilizaram a parceria. Chris sugere a criação de um documento do gênero "como fizemos o acordo", que indique os principais contatos, os pontos difíceis, quanto tempo levou para vocês atingirem os marcos, o que mais influenciou a outra parte a entrar na parceria e outros fatores que fizeram o acordo sair do papel. Um documento desses ajuda a empresa a descobrir o que está funcionando nesse processo e o que pode melhorar.

O desenvolvimento de negócios sempre foi um processo "high-touch", com muita interação pessoal. Procurar parceiros, entender suas necessidades e negociar termos são atitudes que todo acordo tradicional sempre exigiu. Nos últimos tempos, a área de desenvolvimento de negócios vem migrando para um estilo mais "low-touch", sem muito contato humano. O **BD** low-touch usa mecanismos como APIs, feeds, tecnologia de rastreio ("crawling") e códigos embed para chegar a novos canais de distribuição e aumentar a influência da empresa. Dessa maneira, as startups padronizam suas propostas de valor e fazem mais acordos.

CAPÍTULO DEZESSETE

Isso posto, é bom fazer um punhado de acordos tradicionais primeiro para só então trabalhar por parcerias de baixa interação. As primeiras grandes parcerias do Delicious, com a Mozilla e com o *The Washington Post*, seguiram o modelo tradicional e geraram uma tração considerável para o Delicious, que então lançou publicamente sua API para os diversos sites que queriam fazer a integração. Isso exigiu um trabalho prévio de engenharia, mas permitiu que o Delicious fizesse a integração com milhares de sites interessados em tirar partido do produto.

Outras empresas também adotam um modelo low-touch no desenvolvimento de negócios. A SlideShare permite que toda apresentação seja incorporada, a Disqus tem um plugin de comentários fácil de instalar e a SoundCloud facilita a reprodução de músicas em seu acervo. Essas integrações puxam o crescimento e aumentam consideravelmente o universo de potenciais parceiros da empresa.

Só que criar uma API bacana não significa que as pessoas vão usá-la. Emplacar um punhado de parceiros de primeira hora por vias tradicionais garante que alguém está ganhando ao trabalhar com sua startup. Mais tarde, quando houver mais demanda, dá para começar a padronizar e simplificar o processo de parceria e integração.

O BD pode dar um empurrão decisivo em qualquer fase do negócio — quando ainda está engatinhando ou quando está escalando para milhões de clientes. O Kayak é um exemplo perfeito disso. Seus primeiros clientes vieram de uma parceria crucial com a AOL. Mais tarde, o site somou forças com redes de hotéis, locadoras de veículos e outros players do mercado para chegar a novos clientes. O acordo certo na hora certa pode levar sua empresa à próxima fase de crescimento.

Metas

- **Busque parcerias mutuamente benéficas.** Na parceria tradicional, duas empresas somam forças para melhorar o produto de uma — ou de ambas — explorando recursos exclusivos da outra. Joint ventures, licenciamento, acordos de distribuição e parcerias de fornecimento são outras importantes modalidades de acordo no BD. É preciso entender *por que* trabalhar com você seria bom para um potencial parceiro. Quais são os incentivos dele? Assim como você está avaliando possíveis parcerias à luz de seus KPIs, o outro fará o mesmo.

- **Trabalhe para atingir os principais KPIs de sua startup.** No desenvolvimento de negócios, um bom acordo está alinhado com a estratégia da empresa e do produto e focado em métricas estratégicas para o produto e a distribuição. Evite acordos sem ligação direta com sua meta de tração.

- **Crie um pipeline de acordos.** Para fazer um teste inicial, procure uma amostra diversificada de potenciais parceiros e sonde o interesse deles.

CAPÍTULO DEZOITO

VENDAS

Às vezes, é preciso conduzir o prospect pela mão até convertê-lo em um legítimo cliente. A área de vendas costuma ser boa nisso. Venda é o processo de gerar leads, qualificá-los e convertê-los em clientes pagantes. É um canal particularmente útil para produtos de custo elevado ou voltados para empresas, pois em geral o cliente vai querer alguma interação com uma pessoa de carne e osso antes de comprar. Para escalar nesse canal de tração, é preciso criar e implementar um modelo de vendas replicável, o que veremos neste capítulo.

Estratégia de vendas

Se o produto for dirigido ao público de massa, seus primeiros clientes provavelmente chegarão por outros canais: SEO, SEM, cobertura em blogs especializados e por aí vai. Mas se o alvo for as empresas — e das grandes —, emplacar os primeiros clientes de peso pode ser bem mais complicado.

Sean Murphy, proprietário da SKMurphy, consultoria em vendas e desenvolvimento de clientes norte-americana, nos contou em entrevista como ajuda startups a conseguir os primeiros clientes empresariais:

Na maioria das vezes, [o primeiro cliente] vai ser alguém que eles conhecem ou que nós conhecemos. Em geral, nossos clientes estão entrando em um mercado do qual entendem, com uma tecnologia que criaram. Nós os ajudamos a fazer uma lista de todo projeto no qual atuaram e de todo mundo com quem já trabalharam. Ao entrar em contato, eles explicam o que estão fazendo e perguntam se a pessoa sabe com quem faz sentido falarem.

Geralmente, quem trabalhou em determinada área por um tempo e ganhou alguma experiência consegue marcar uma primeira reunião: um café, um almoço, esse tipo de coisa. Às vezes, sugerimos a nossos clientes que se voltem para outro mercado, pois vemos que a tecnologia tem mais aplicabilidade e garante mais valor ali. Uma das primeiras orientações que damos é com o que chamamos de "pitch de almoço". É uma folha com cinco a dez itens e, talvez, um gráfico que ajude a focar a conversa, para garantir que a pessoa entenda o problema do prospecto No começo, toda conversa é para explorar o problema do prospect e seus pontos críticos.

Falar sobre os pontos críticos de um prospect é mais do que uma boa tática de vendas: é crucial para criar um bom produto. John Raguin, cofundador da empresa de software para o setor de seguros Guidewire Software, explica:

> Fomos falar com potenciais clientes — seguradoras — e sugerimos fazer um breve estudo de consultoria, sem custo, para realizar uma avaliação da operação deles. Precisaríamos de sete a dez homens por dia de trabalho para entender os processos e, no final, apresentar um relatório geral com uma comparação desse prospect com os concorrentes. Em troca, queríamos saber o que seria um sistema ideal para suas necessidades. No final, conseguimos trabalhar com mais de 40 seguradoras com essa abordagem. Fomos sempre francos sobre nossas razões e fizemos questão de entregar um trabalho de qualidade.

Na hora de planejar a abordagem inicial ao prospect, sugerimos usar o método que Neil Rackham criou e descreveu no livro *SPIN Selling*.

CAPÍTULO DEZOITO

É uma sequência de perguntas em quatro etapas. O modelo nasceu de um estudo de 35 mil interações de vendas ao longo de uma década.

Perguntas de situação. Ajudam a entender o contexto que levaria o prospect à compra. São perguntas como: "Quantos funcionários você tem?" e "Como é a estrutura de sua empresa?"

É aconselhável limitar-se a fazer uma ou duas perguntas desse tipo por conversa. Mais do que isso, a probabilidade de fechar a venda cai. Isso porque a pessoa na outra ponta vai sentir que está dando informações sem receber nada em troca — e mais ainda se esse interlocutor for alguém com poder de decisão executiva, pois provavelmente tem pouco tempo disponível. O objetivo das perguntas de situação é determinar se o prospect é ou não um bom candidato a comprar seu produto.

Perguntas de problema. Expõem os pontos críticos do interlocutor. Por exemplo: "Você está satisfeito com a solução atual? Que dificuldades ela cria?"

Assim como no caso anterior, essas perguntas devem ser usadas com moderação. A ideia é descobrir rapidamente qual é o problema do prospect para poder pensar nas implicações dessa dificuldade e em como sua solução ajudaria.

Perguntas de implicação. Têm o objetivo de fazer o prospect refletir sobre as consequências do problema a sua frente. Feitas com base nas informações levantadas ao fazer as perguntas de problema, resultam em questões como: "Esse problema compromete sua produtividade?", "Quantas pessoas são afetadas pelo problema? Como?" e "Você está perdendo clientes ou funcionários por causa desse problema?"

Essas perguntas devem levar seu interlocutor a entender que o problema dele é maior e mais urgente do que ele achava a princípio. O prospect pode pensar, por exemplo, que um software interno difícil de utilizar é só uma coisa chata, um mero custo de tocar o negócio. Perguntas de implicação podem ajudar a lançar luz sobre os problemas causados por esse entrave: "A equipe está fazendo hora extra porque é difícil trabalhar", "Esse entrave diminui a qualidade geral do trabalho?", "Aumenta a rotatividade de pessoal?"

Cada uma das perguntas anteriores ajuda a dar uma dimensão maior ao problema na mente do potencial cliente. Isso feito, é hora de passar para a última leva de perguntas.

Perguntas de necessidade de solução. Voltam a atenção do prospect para sua solução e o levam a pensar nos benefícios que ela traria. Devem decorrer das perguntas de implicação e podem incluir questões do tipo: "Como você acha que essa solução o ajudaria?", "Que impacto ela teria em sua empresa se implementada nos próximos meses?" e "Resolver esse problema vai melhorar a vida de quem? Como?"

No método SPIN (Situação, Problema, Implicação, Necessidade de solução), as perguntas seguem uma ordem natural. Primeiro, você qualifica o lead e quebra o gelo (perguntas de situação). Em seguida, faz o potencial cliente falar do problema (perguntas de problema). Depois, expõe as consequências do problema (perguntas de implicação). Por último, mostra como sua solução está pensada para resolver o problema (perguntas de necessidade de solução).

E como conseguir os primeiros clientes? Segundo nos disse Steve Barsh, ex-CEO da Seca (comprada pela MCI), "pegando o telefone". Se tiver sorte, do outro lado da linha vai estar alguém que você conhece ou que um amigo fez o favor de lhe apresentar. No entanto, pode ser que, para conseguir os primeiros clientes, você tenha de ligar ou mandar um e-mail sem qualquer apresentação.

Conversamos sobre isso com Todd Vollmer, profissional de vendas com mais de 20 anos de experiência. Ele contou que sua tática de "cold calling" é estipular metas diárias ou semanais de chamadas a fazer. Na opinião dele, trabalhar com uma meta concreta ajuda a vencer a incômoda sensação (decorrente sobretudo da possibilidade de rejeição) que essa atividade pode trazer.

CAPÍTULO DEZOITO

Ao fazer um cold calling, escolha bem com quem vai falar. Mentalmente, é difícil abordar tanto alguém de escalão inferior como alguém mais graduado, embora no primeiro caso a probabilidade de sucesso seja muito menor, pois a pessoa tem menos poder de decisão e menos conhecimento do setor. Sean Murphy sugere que o primeiro contato seja com alguém que tenha algum poder, mas não seja do alto escalão.

Normalmente, é uma pessoa que já subiu um ou dois níveis na organização, com perspectiva suficiente sobre o problema e sobre a organização para entender o que significa promover uma mudança ali. Trabalhar com ela pode nos levar hierarquia acima, para vender ao pessoal com mais autoridade.

Em geral, não partimos do alto, a menos que a empresa seja muito pequena. Nesse caso, é preciso falar com o presidente ou um dos principais executivos, pois ninguém mais tem poder para decidir.

Quando tiver entendido o problema do prospect e achar que sua solução pode ajudar a resolvê-lo, é hora de começar a trabalhar para fechar a compra. Segundo Todd, isso significa buscar respostas para cinco áreas específicas:

Processo: Como a empresa compra soluções como a que você está oferecendo?

Necessidade: Com que urgência a empresa precisa de uma solução como a sua?

Autoridade: Quem tem poder para fechar a compra na empresa?

Dinheiro: A empresa tem recursos para comprar o que você vende? Quanto custa, para ela, *não* resolver o problema?

Cronograma: Quanto tempo levará, considerando orçamento e processo decisório, para chegar a uma decisão?

Quando o primeiro contato é frutífero, Todd sugere enviar-lhe um e-mail registrando tudo o que foi discutido, incluindo os problemas que o prospect enfrenta e os próximos passos. Esse e-mail, segundo ele, deve ser encerrado com uma pergunta direta como: "Você concorda com esse prazo para fecharmos negócio?"

Infelizmente, muitos empreendedores B2B não pensam o suficiente antes de decidir quem será seu primeiro cliente e uma decisão equivocada aqui pode fazer a startup perder tempo e recursos. Sean Murphy apontou uma série de erros a evitar nessa busca do primeiro cliente:

> Um [problema] é quando o prospect se dispõe a conversar (...) [mas] não tem nenhum interesse em comprar o que você tem ou vai criar. O que ele quer é informação sobre a nova tecnologia ou o novo problema, ou algo assim (...).
>
> A segunda situação que também é perda de tempo é quando alguém diz ser um "agente de mudança". Essa pessoa vai dizer que sua novidade terá um impacto enorme, que vai transformar uma General Motors, por exemplo. Antes de sair fazendo tudo o que essa pessoa está sugerindo, é preciso perguntar se ela alguma vez já levou outra tecnologia para aquela empresa. Infelizmente, a resposta costuma ser: "Não, mas, veja bem, faz só seis meses que estou aqui, e é com isso que vou fazer uma grande diferença."
>
> Então, o problema é que nessas duas situações típicas você acaba dando uma consultoria grátis ou falando com alguém que se vê como agente de mudança, mas que não tem ideia de como fazer isso acontecer.

A ideia é que seus primeiros clientes sejam relativamente progressivos e que estejam dispostos a uma colaboração estreita. Como seu produto ainda está em desenvolvimento, essa colaboração vai ajudar sua empresa a criar uma solução melhor. Estabelecer uma relação forte é crucial, pois seus primeiros clientes servirão de referência e exemplo — vão dar a sua startup uma dose de credibilidade quando você começar a projetar o funil de vendas.

CAPÍTULO DEZOITO

Táticas de vendas

Imagine um funil. No caso específico de vendas, você parte com muitos prospects lá no alto, qualifica os que serão bons clientes no meio e vende a solução a certo número deles na base. Para falar sobre a criação de um bom funil de vendas, entrevistamos David Skok, sócio-diretor da Matrix Partners e fundador de cinco empresas (três delas abriram o capital e uma foi adquirida).

A primeira meta, lá no topo do funil, é gerar leads, o que em geral exige a divulgação do produto com outros canais de tração. Embora cold callings ou e-mails possam ser uma boa maneira de chegar aos primeiros clientes, David acha que essa tática não é tão eficaz para a criação de um modelo de vendas replicável.

> Sou a favor de usar algum canal de marketing para ganhar tração primeiro e, na esteira, utilizar vendas como um instrumento de conversão [desses leads] para fechar negócios. Cold callings são muito mais caros e menos eficazes que o marketing para conseguir um prospect qualificado e, em seguida, usar vendas para fechar esse prospecto

O estágio seguinte no funil de vendas é a qualificação de leads. Aqui, é preciso determinar se o prospect está ou não pronto para comprar e se vale a pena investir mais recursos para tentar vender a esse potencial cliente. Por exemplo, muitas companhias exigem um endereço de e-mail e alguma informação sobre a empresa interessada para liberar o acesso ao material em seu site (a artigos ou e-books, digamos), informação que utilizam, então, para determinar se o prospect merece ou não mais atenção.

A HubSpot, cujo software de automação de marketing custa mais de US$5 mil por ano, usa essa informação para saber quanto tempo deve investir em um lead. Se o lead for alguém que opera um negócio pequeno no Etsy ou no eBay, por exemplo, a empresa talvez não invista tanto tempo nesse prospect, pois, pelo porte dele, é bem provável que não seja um bom candidato a comprar seu produto.

Mark Suster, que já criou duas empresas e é um dos sócios da Upfront Ventures, sugere dividir esses leads em três categorias — A, B e C —, seguindo um critério bem simples:

Defino como "A" os leads com probabilidade realista de fechar nos próximos três meses, como "B" os que provavelmente fecharão no prazo de 3 a 12 meses e como "C" os que dificilmente vão fechar no prazo de 12 meses.

O vendedor deve dedicar o grosso do tempo (66% a 75%, digamos) aos "As" e o restante aos "Bs", pois é preciso montar um pipeline, e fechar negócios grandes toma tempo. O segredo para escalar é que o pessoal de vendas não deve trabalhar com os "Cs" — isso tem de ser responsabilidade do marketing.

Em muitas empresas, o marketing é encarregado da produção e da qualificação básica de leads. Em seguida, a equipe de vendas faz uma qualificação mais profunda e, se puder, fecha a venda. Parte do trabalho da área de marketing é garantir que o pessoal de vendas tenha a informação necessária para se concentrar só em leads qualificados. Mark diz o seguinte sobre a colaboração entre marketing e vendas:

O trabalho da equipe de marketing com a de vendas é duplo:

Informar: dar aos vendedores todo o subsídio de que eles precisarão para triunfar em campanhas de vendas. Isso inclui apresentações, cálculos de ROI, análises competitivas e por aí vai.

Mirar: ajudar os vendedores a definir em que potenciais clientes se concentrar, separando todos os leads que não sejam sérios dos leads urgentes.

Com os leads já qualificados, vem o último passo: definir um cronograma para a compra e converter o prospect em cliente pagante. A dica de Todd é estipular exatamente o que será feito para o cliente, definir prazos para isso e fazê-lo dar um "sim" ou "não", ou seja, dizer se vai comprar ou não.

CAPÍTULO DEZOITO

Um exemplo de acordo nessa fase seria: "Vamos montar um sistema-piloto para vocês no prazo de duas semanas. Passado esse tempo, se o sistema for de seu agrado e cumprir suas necessidades, fechamos a venda. Sim ou não?" A resposta a essa pergunta permite que você se dedique a negócios que provavelmente vai conseguir fechar, em vez de perder tempo com prospects que não estão prontos para comprar.

Há várias maneiras de obter leads. Para certos produtos, o processo todo é feito por uma equipe de vendas interna. Essa equipe em geral entra em contato com leads qualificados, faz um webinar (demonstração do produto) e trabalha com uma sequência de e-mails que termina com um pedido de compra. Em outros casos, é preciso que uma equipe de vendas em campo visite o potencial cliente a certa altura do processo. Tudo depende da complexidade e da duração do ciclo de vendas.

Lembre-se sempre de que, por melhor que seja sua equipe de vendas, é o cliente que decide comprar ou não seu produto. É crucial ter o cliente em mente ao criar o funil de vendas, o que significa tornar a decisão de comprar o mais fácil possível. Como disse David em um momento da entrevista:

> Você precisa entender que o prospect vai querer esclarecer uma série de questões e dúvidas antes de tomar a decisão de comprar. São perguntas como: "Será que esse é o melhor produto?", "Será que vai funcionar para minha situação?", "Esse investimento vai dar um bom retorno?", "Vai haver integração com o sistema que já tenho instalado?" e por aí vai.
>
> Muitas empresas projetam o ciclo de vendas pensando em como, a seu ver, ele deveria funcionar. Em minha opinião, é preciso projetá-lo partindo do ponto de vista do cliente, não de seu ponto de vista, que normalmente é como eu vejo as pessoas pensando esse processo.
>
> Quando você souber que dúvidas o comprador tem, projete o processo para esclarecer todas elas e entender que tipo de atitude precisa ser tomada. Quanto mais dessas dúvidas puderem ser esclarecidas em seu site, melhor. Sua função, depois de conseguir o e-mail do prospect,

é responder a todas as perguntas ligadas à compra e criar um gatilho que dê ao possível cliente um forte motivo para comprar.

Dá para monitorar em que ponto do funil de vendas você está perdendo prospects em grandes quantidades — ou seja, onde há gargalos.

Geralmente, gargalos nascem da complexidade do funil de vendas. Você precisa fazer com que comprar o produto seja o mais fácil possível. Veja a seguir algumas maneiras de minimizar gargalos:

- SaaS (Software as a Service) para eliminar a necessidade de instalação de sistemas;
- testes gratuitos (incluindo softwares de código aberto);
- parceiros em canais (revendedores do produto);
- demos em vídeo;
- FAQs;
- clientes de referência (depoimentos ou cases de destaque);
- campanhas por e-mail (para orientar prospects ao longo do tempo);
- webinars ou demos pessoais;
- facilidade de instalação e de uso;
- preço inicial baixo (menos de US$250 por mês para pequenas empresas, US$10 mil para maiores); e
- eliminação de decisão por comitê.

Case: JBoss

A JBoss, provedora de soluções de middleware de código aberto, conseguiu uma receita de US$65 milhões dois anos após sua fundação graças ao funil de vendas (a empresa mais tarde foi comprada pela Red Hat por US$350 milhões).

CAPÍTULO DEZOITO

O primeiro foco da JBoss foi gerar leads. Embora mais de 5 milhões de pessoas tivessem baixado seu programa de graça pelo SourceForge (um popular diretório de softwares de código aberto), a empresa não tinha nenhuma informação de contato desses prospects. Para conseguir um meio garantido de gerar leads, resolveu liberar a documentação do código-fonte (pela qual até então cobrava) em troca das informações de contato.

A ação deu certo porque esses prospects queriam a documentação, que mostrava como o programa da JBoss funcionava. As informações de contato eram um pequeno preço a pagar e, para a JBoss, tornaram-se essenciais, pois agora ela poderia tentar vender soluções pagas a tais prospects. A tática gerou mais de 10 mil leads por mês.

Essa cifra, porém, trouxe um problema: a impossibilidade de falar com cada um individualmente. Seria preciso qualificar todos esses leads e determinar quais tinham mais probabilidade de comprar. A JBoss usou o software de automação de marketing Eloqua para descobrir que páginas e links um prospect acessava antes de chegar à documentação. Prospects que passavam bastante tempo em páginas de suporte eram bons candidatos ao serviço de suporte da JBoss — o produto que gera receita para a empresa.

A equipe de marketing da JBoss ligava para esses leads promissores para uma nova rodada de qualificação. Essa interação foi projetada especificamente para determinar se um prospect tinha interesse em fazer uma compra. Se tivesse, era direcionado à área de vendas.

Na etapa final do funil, o prospect era procurado por alguém da equipe de vendas interna. Era nesse momento que entrava em cena o processo de vendas normal: ligações, demos, artigos etc. A equipe de vendas fechava cerca de 25% desses prospects graças à seriedade na qualificação de leads (a média do setor varia entre 7% e 10%).

Leads não qualificados — que ainda não estavam prontos para comprar — eram alvo de campanhas de nutrição de leads. Esses prospects recebiam a *JBoss Newsletter* e convites para assistir a webinars e para seguir o blog da JBoss. Clientes que chegavam a certo grau de interação com essas campanhas de nutrição (que clicavam em determinados links de e-mails ou assistiam a um webinar, por exemplo) eram colocados de volta no pipeline e contatados por alguém da área de vendas.

A JBoss criou um funil de vendas formidável. Uma grande razão para seu sucesso foi esse funil ter sido concebido da perspectiva do cliente. A empresa usou ferramentas gratuitas para gerar leads a custo baixo ao liberar a documentação que os usuários tanto queriam em troca de informações de contato. Em seguida, qualificou esses usuários com um marketing alimentado por um sistema de analytics interno. Por último, usou a equipe de vendas interna para fechar negócios de valor médio de mais de US$10 mil.

Metas

- **Não descarte de cara os cold callings.** Um cliente bom, logo no início, é aquele com necessidade urgente de resolver um problema, interesse em sua solução e disposição para trabalhar em estreita colaboração com sua empresa. Às vezes, a única maneira de achá-lo é com cold calling.

- **Crie um modelo de vendas replicável.** Um bom funil de vendas começa com leads, os qualifica e fecha a venda. Mapeie seu funil de vendas, identifique gargalos e elimine-os. Torne o processo de compra o mais simples possível.

- **Faça o comprador se comprometer com um cronograma.** Para fechar vendas, é preciso confirmar a cada passo que o cliente pretende, sim, efetuar a compra. Saiba exatamente que passos ainda faltam dar.

- **Tenha em mente a perspectiva do cliente.** Fale com gente que precisa de sua solução para saber que dúvidas há sobre seu produto. Use seu site para prestar esses esclarecimentos.

CAPÍTULO DEZENOVE

PROGRAMAS DE AFILIADOS

Com um programa de afiliados, você paga para que indivíduos ou empresas realizem certas ações, como fechar uma venda ou conseguir leads qualificados. Um blogueiro que recomende um produto, por exemplo, pode ser remunerado se a venda for fechada pelo blog. Nesse caso, o blogueiro é o afiliado.

Programas de afiliados são o principal canal de tração para muitos sites de e-commerce, infoprodutos e programas de assinatura e são responsáveis por grande parte do faturamento de empresas como Amazon, Zappos, eBay, Orbitz e Netflix.

Para esse canal, entrevistamos Kris Jones, fundador da rede de afiliados Pepperjam, que se tornou a quarta maior do mundo e foi comprada pelo eBay em 2009. A certa altura, a Pepperjam tinha *um anunciante que tirava, sozinho, US$50 milhões* por ano pela rede.

Estratégia de programa de afiliados

É comum encontrar programas de afiliados no varejo, em infoprodutos e na geração de leads.

Programas de afiliados no varejo facilitam a compra de bens tangíveis e movimentam mais de US$2 bilhões anualmente. Amazon, Target e Walmart têm os maiores programas do gênero e pagam aos afiliados uma porcentagem de cada venda que fazem. O programa da Amazon, por exemplo, paga entre 4% e 8,5% de cada venda, dependendo de quantos itens um afiliado vende por mês.

Grandes varejistas como Amazon e eBay contam com programas de afiliados próprios, mas isso é raro. Ter um programa desses significa recrutar, administrar e remunerar milhares de afiliados, o que sai muito caro e é complexo demais para a maioria das empresas. Para lojas virtuais, é muito mais conveniente usar redes de afiliados independentes.

Sites como Commission Junction (CJ), Pepperjam e LinkShare contam com fortes redes de afiliados que ganham a vida promovendo produtos dos outros. A lista de empresas que utiliza essas redes inclui nomes conhecidos do varejo digital: Walmart, Apple, Starbucks, The North Face, Home Depot, Verizon, Best Buy e muitos outros.

É diversificada a relação de afiliados que participam desses programas, embora em geral pertençam a uma das grandes categorias a seguir:

Sites de cupons/promoções. Esses sites — RetailMeNot, CouponCabin, Brad's Deals e Slickdeals, para citar alguns — dão descontos a visitantes e recebem uma comissão por venda realizada. Quando alguém dá uma busca por "Zappos discount", por exemplo, o RetailMeNot provavelmente vai aparecer entre os primeiros resultados. Ao clicar no link da página do RetailMeNot, a pessoa encontra códigos de descontos para usar na Zappos. Se clicar e comprar algo usando um desses códigos, o RetailMeNot ganha uma comissão.

Programas de fidelidade. Empresas como Upromise e Ebates têm programas que devolvem parte do dinheiro gasto em compras feitas em suas redes de parceiros e ganham com base no valor gasto por seus membros por meio de programas de afiliados do varejo. Se mil membros comprarem um vale-presente para comer no restaurante Olive Garden, por exemplo, a Upromise fica com uma porcentagem do valor gasto pelo cliente. Parte do que ganha é, então, devolvida a seus membros.

Agregadores. Sites como extag e PriceGrabber agregam produtos de varejistas. Em geral, adicionam informações a listas de produtos, como avaliações ou comparações de preços.

Listas de e-mail. Muitos afiliados têm extensas listas de e-mails. Então eles recomendam produtos a pessoas dessas listas e recebem uma comissão quando algum assinante efetua uma compra.

Sites verticais. Centenas de milhares de sites (incluindo blogs) possuem um considerável público com interesse específico por uma vertical, como criação de filhos, esportes ou aparelhos eletrônicos.

Infoprodutos são produtos digitais como e-books, software, música e (cada vez mais) educação. Como não custa nada fazer uma cópia digital, vender infoprodutos por meio de programas de afiliados é bastante popular. Produtores pagam uma boa comissão a afiliados que promovem seus produtos.

A maior rede de afiliados de infoprodutos é, de longe, a ClickBank, na qual é comum a comissão dos afiliados chegar a 75%. A empresa tem mais de 100 mil afiliados e milhões de produtos.

A geração de leads é uma atividade que movimenta US$26 bilhões. Companhias de seguros, escritórios de advocacia e instituições de financiamento de imóveis pagam altas comissões para conseguir leads. Dependendo do setor, um lead pode incluir e-mail, endereço residencial ou telefone, além de informações de qualificação, como perfil de crédito.

Programas de afiliados são populares entre instituições financeiras e seguradoras porque o valor de cada cliente é alto. Basta pensar em quanto você gasta por ano com plano de saúde ou seguro de automóvel para ter uma ideia do tremendo valor de um lead. Companhias de seguros, aliás, estão entre as que mais gastam no Google AdWords, em geral pagando de US$50 a US$100 por um único clique!

Essas empresas costumam criar programas de afiliados próprios ou utilizar redes populares de geração de leads, como Affiliate.com, Clickbooth, Neverblue e Adknowledge.

Táticas de programas de afiliados

Sua capacidade de conseguir bons resultados com programas de afiliados depende de quanto você está disposto a pagar para adquirir um cliente. Afinal, nesse canal você paga por lead ou venda.

Sugerimos utilizar uma rede de afiliados existente: Commission Junction, Pepperjam, ShareASale ou redes mais voltadas para sua categoria de produto. Usar uma rede dessas facilita o recrutamento de afiliados, pois muitos já estão inscritos nesses sites. Isso permite à empresa começar a usar esse canal de tração imediatamente. Caso contrário, será preciso sair recrutando afiliados por conta própria, o que consome muito tempo e dinheiro.

Montar um programa de afiliados em uma rede já existente é relativamente fácil, embora exija um desembolso inicial. No caso da Commission Junction, esse custo é de mais de US$2 mil. Se você conseguir recrutar afiliados de alto desempenho por meio da rede, no entanto, as vendas de afiliados rapidamente cobrirão esse custo inicial.

Outra opção é criar um programa de afiliados próprio, sem relação com uma rede existente. Nesse caso, você procura parceiros em sua base de clientes ou entre pessoas com acesso a um grupo de clientes que você deseja atingir.

Uma vantagem dessa abordagem é não ter de desembolsar dinheiro para pagar afiliados, pois a ideia é usar recursos do produto como moeda de troca. Se sua startup tem um modelo de negócio freemium, por exemplo, é possível liberar certos recursos de graça ou dar assinaturas. Anteriormente, mostramos como o programa de indicações do Dropbox concede espaço de armazenamento gratuito a usuários. Outro exemplo é o do QuiBids, um site de leilão de centavos que criou um programa de referrals que dá lances grátis a clientes atuais que indicarem mais pessoas para o site.

O primeiro lugar para buscar afiliados é sua base de clientes. É fácil recrutar e trabalhar com eles, pois já conhecem sua marca e têm afinidade com ela.

Depois deles, é hora de ir falar com produtores de conteúdo, incluindo blogueiros, editores, influenciadores em redes sociais e curadores de listas de e-mails. Já que monetizar blogs pode ser difícil, esses criadores de conteúdo em geral buscam outras maneiras de ganhar dinheiro.

Conversamos com Maneesh Sethi, autor do popular blog Hack The System, para saber como uma empresa pode estabelecer um relacionamento com pessoas como ele. Maneesh atua como afiliado de muitos produtos que ele próprio usa ou já usou. Um deles foi um programa que ensinava táticas de SEO. Como adorava o conteúdo, ele mesmo entrou em contato com a empresa e propôs um acordo para receber uma comissão a cada novo cliente que trouxesse para o programa. Fechado o acordo, Maneesh mandou um e-mail para todos os contatos dele contando como o programa de SEO havia contribuído para melhorar seu ranqueamento no Google. Esse único e-mail rendeu quase US$30 mil ao blogueiro em dois anos — e muito mais ainda para a empresa.

Maneesh também recomendou o RescueTime, aplicativo de gestão de tempo que o ajuda a ser mais produtivo. Desde que entrou para esse programa (do qual é um dos maiores afiliados), ele já encaminhou mais de 3 mil pessoas para o aplicativo. Graças a Maneesh, o RescueTime conseguiu chegar a um novo público sem gastar muito em marketing nem desperdiçar dinheiro em leads que não convertem.

O blogueiro disse que a melhor maneira de trabalhar com alguém como ele é estabelecendo um relacionamento: ajudar os produtores de conteúdo no que for possível, redigir guest posts ou dar acesso gratuito a seu produto. E, se esse produto for realmente bom, será um prazer para eles promovê-lo.

Programas de afiliados bem-estabelecidos, como o da Amazon ou o da Netflix, sabem exatamente quanto pagar a um afiliado por lead. Como sua empresa está começando, a coisa pode não ser tão clara assim para você, e o melhor é começar com uma abordagem simples: pagar um fixo por conversão (US$5 por um cliente que compra algo, digamos) ou uma porcentagem (5% do valor que um cliente paga, por exemplo).

Há programas mais complexos, que segmentam produtos e premiam os principais afiliados. O eBay dá descontos sazonais a afiliados em categorias de produtos que quer promover. Programas de remuneração progressiva também são populares. Neles, um afiliado recebe uma porcentagem (ou um valor fixo) por transação. Essa porcentagem é baseada no número de vendas que o afiliado traz: quanto mais transações, maior a taxa e mais ele fatura.

Grandes redes de afiliados

Eis uma lista de redes de afiliados importantes e de aplicativos que podem ajudar você a montar um programa de referrals próprio sem um investimento pesado em programação:

Commission Junction: essa plataforma reúne muitos dos maiores nomes do varejo digital. É relativamente cara: para vender seu produto pela rede, é preciso gastar no mínimo US$2 mil. Esse custo elevado, associado ao fato de que a CJ seleciona afiliados e editores com base na performance, garante uma rede de alta qualidade.

ClickBank: é a principal plataforma para quem vende produtos digitais online (cursos, e-books, mídia digital). Entrar na ClickBank é relativamente barato: listar um produto na plataforma custa só US$50.

Affiliate.com: essa rede promete um processo de aprovação de afiliados rigoroso e um consequente tráfego de qualidade superior para seus anunciantes.

CAPÍTULO DEZENOVE

Pepperjam: criada por Kris Jones (que entrevistamos para redigir este capítulo), tem vários canais (mobile, social, varejo offline, impresso etc.) e alardeia o suporte ao cliente e a transparência como vantagens da rede, cuja adesão custa US$1 mil. ShareASale: reúne mais de 2.500 comerciantes e dá flexibilidade ao anunciante na hora de definir a estrutura de comissões. Estar presente nessa rede de afiliados tem um custo inicial de US$500.

Adknowledge: oferece serviços tradicionais de compra de publicidade, além de campanhas com afiliados. Também funciona em aparelhos móveis, buscas, redes sociais e publicidade gráfica, dando a anunciantes acesso a sites de afiliados e CPC (custo por clique) em uma única plataforma.

LinkShare: ajuda a encontrar afiliados e a criar programas de geração de leads. Empresas como Macy's, Avon e Champion usam a rede para administrar os respectivos programas de afiliados.

MobAff: é uma rede de afiliados para o mobile que usa SMS, notificações push, click to call, publicidade e buscas para gerar conversões para seus anunciantes.

Neverblue: é dirigida a anunciantes que gastam mais de US$20 mil por mês. Também trabalha com parceiros de publicidade em seus anúncios e campanhas. Sua lista de clientes inclui Groupon, eHarmony e Vistaprint.

Clickbooth: usa buscas, e-mails e uma série de sites para promover marcas como DirecTV, Dish Network e QuiBids.

RetailMeNot, Inc. (antiga WhaleShark Media): essa empresa de mídia tem alguns dos sites de ofertas mais populares do mundo, incluindo RetailMeNot e Deals2Buy.com. As empresas se associam com a RetailMeNot para atrair transações que utilizam cupons de afiliados para seus sites, os quais em geral são bem ranqueados no Google para pesquisas com uma palavra-chave qualquer mais o termo "coupon".

Conclusão

Kris fez questão de frisar que mais startups deveriam aproveitar melhor esse canal de tração. Nas palavras dele:

> Para startups sem muito dinheiro, que não podem simplesmente abrir uma conta PPC (pagamento por clique) e começar a atirar dardos, o marketing de afiliados parece um jeito lógico de iniciar.
>
> Nada garante que, se gastar US$10 mil no Google AdWords, você ganhará mais do que isso. Se compararmos o marketing de afiliados e o PPC, o anunciante assume o risco no PPC. Se você faz uma campanha mal redigida ou mal planejada no Google AdWords, vai pagar por cliques ainda que o anúncio seja uma porcaria e não esteja convertendo bem.
>
> Com o marketing de afiliados, você define o que é a transação ou a conversão e também conta com ferramentas para mitigar a baixa qualidade. Se alguém encaminha uma transação de e-commerce, mas o cartão de crédito do comprador não passa, a comissão desse afiliado é zero. Se alguém preenche o formulário de um lead, mas esse lead não segue as regras que você estipulou (endereço de e-mail legítimo, endereço físico verdadeiro etc.), você não paga por isso. Você não assume o risco.

Metas

- **Teste o canal com uma rede de afiliados existente.** Como a rede já tem afiliados, dá para começar a usar esse canal de tração imediatamente.

- **Simplifique sua estrutura de pagamentos.** Saiba quanto você pode gastar para adquirir um cliente e não ultrapasse esse teto. Ao se aprofundar nesse canal, é possível testar esquemas de pagamento mais complexos.

- **Busque afiliados em sua base de clientes.** Como já aprovaram seu produto, muitos deles podem estar dispostos a vender para você.

CAPÍTULO VINTE

PLATAFORMAS EXISTENTES

Plataformas existentes são sites, aplicativos ou redes com um grande número de usuários — centenas de milhões, às vezes — que sua empresa pode utilizar para ganhar tração. Entre as grandes plataformas estão as lojas de aplicativos para Apple e Android, as extensões dos navegadores Firefox e Chrome, redes sociais como Facebook, Twitter e Pinterest, além de plataformas mais recentes e em rápido crescimento (Tumblr, Snapchat etc.).

Quando foi lançado, o aplicativo de compartilhamento de vídeo Socialcam sugeriu que as pessoas se registrassem com sua conta no Facebook ou no Twitter, promoveu vídeos de usuários em ambos e incentivou as pessoas a convidar seus amigos dessas redes. Em 12 meses, o Socialcam tinha 60 milhões de usuários — um crescimento difícil de conseguir em outros canais.

Estratégia de plataformas existentes: lojas de aplicativos

Com o número de usuários de smartphones — que já passa de 1 bilhão — crescendo diariamente, a quantidade de aplicativos que conquistam milhões de usuários em poucos meses teve uma explosão.

A melhor maneira de um app ser descoberto nas lojas de aplicativos é figurar no ranking dos mais baixados e em listas de apps em destaque. Os rankings agrupam aplicativos por categoria, país, popularidade e avaliação dos editores. O caso do Trainyard mostra o impacto que pode ter aparecer com destaque na App Store.

O Trainyard, um jogo pago para iOS, não vinha crescendo como seu criador, Matt Rix, esperava. Como muito mais pessoas baixam aplicativos gratuitos, é comum um desenvolvedor lançar uma versão gratuita e usar o recurso de compras no app ou o upgrade para a versão paga para monetizar os usuários.

Matt decidiu experimentar essa tática. Quando lançou a versão gratuita do Trainyard (Trainyard Express), o editor de um popular blog italiano fez, quase imediatamente, uma avaliação espetacular do game. Com isso, o Trainyard Express passou a encabeçar o ranking de aplicativos gratuitos na Itália. Naquele único dia foi baixado mais de 22 mil vezes. O app foi parar no primeiro lugar também no Reino Unido e teve mais de 450 mil downloads em uma semana.

Sete dias depois, a Apple decidiu dar destaque ao game, extrapolando tudo o que acontecera até ali. O número de downloads disparou 50 vezes e permaneceu nesse patamar enquanto o destaque ficou no ar. O jogo foi baixado milhões de vezes e, mesmo depois de perder o destaque, o número de downloads diários continuou em níveis bem mais elevados do que antes de tudo isso.

O Trainyard é um exemplo da importância de atrair atenção suficiente para que seu aplicativo apareça em rankings e entre os destaques da loja. Mark Johnson, fundador da Focused Apps LLC, explicou em um texto como costuma ser o processo de promoção de um aplicativo:

1. Publicidade faz o aplicativo entrar em rankings.
2. Ao entrar em rankings, o app é visto por mais pessoas.
3. Visto por mais pessoas, tem mais downloads orgânicos.
4. Com mais downloads orgânicos, vai subindo nos rankings.

CAPÍTULO VINTE

5. Ao subir nos rankings, é visto por mais pessoas e tem ainda mais downloads orgânicos.
6. Quem usa gosta do app e começa a recomendá-la a amigos.
7. O aplicativo sobe ainda mais nos rankings.
8. O processo se repete a partir do passo 5.

Há muitas táticas para entrar em rankings: anunciar em plataformas como a AdMob, comprar instalações de empresas como a Tapjoy, fazer promoção cruzada de aplicativos (usando redes de promoção cruzada ou outros apps da própria empresa) ou até pagar para escalar posições a serviços como o FreeAppADay.

Outros canais de tração também podem turbinar a adoção de um aplicativo no mobile: como mostrou a Trainyard, publicidade e divulgação em blogs são canais que podem dar bom resultado. Apesar de nenhuma ser suficiente por si só, essas táticas podem ser o pontapé inicial para o aplicativo entrar em um ranking ou em uma lista de destaques.

No entanto, para que uma boa posição em rankings seja sustentável, o app precisa ser interessante e regularmente bem avaliado. Essa avaliação pesa muito: influencia a decisão de uma pessoa de baixar o aplicativo, serve de base para que editores escolham que apps destacar e costuma ser citada sempre que a mídia fala do aplicativo. É por isso que até apps no topo dos rankings estão sempre pedindo que seus usuários façam uma avaliação.

Embora seja possível lançar mão de um punhado de macetes — como pedir que a pessoa avalie o aplicativo logo depois de dar algo útil a ela —, a experiência básica de usar o app precisa ser muito boa para garantir uma posição reiteradamente alta. E, embora haja centenas de milhares de aplicativos, pouquíssimos realmente garantem uma experiência espetacular ao usuário. A maioria dos apps que hoje todo mundo conhece — Instagram, Path, Google Maps, Pandora, Spotify — garante isso e recebe avaliações invariavelmente boas.

Estratégia de plataformas existentes: extensões de navegadores

Extensões do Chrome e do Firefox são aplicativos que o usuário pode instalar nesses navegadores. A extensão de navegador mais popular é o Adblock Plus, que bloqueia anúncios nos principais sites. Outras extensões populares ajudam a baixar vídeos do YouTube, a salvar favoritos em vários aparelhos e a guardar senhas.

Usuários da internet visitam dezenas de sites diferentes todo dia. Fazer com que seu site seja constantemente visitado pode ser difícil. Um add-on no navegador permite que as pessoas se beneficiem do produto sem ter de voltar sempre a seu site.

O Evernote, um aplicativo de produtividade e uma espécie de memória auxiliar, registrou um salto enorme no número de usuários quando lançou extensões de navegadores. Em um post no blog com um resumo do ano de 2010 ("2010 Year in Review"), o Evernote disse que o uso de seu site tinha subido 205% graças a essas extensões — e isso para uma empresa que na época já contava com mais de 6 milhões de usuários.

Assim como lojas de aplicativos mobile, extensões de navegadores têm portais dedicados nos quais são baixados esses apps (que são sempre gratuitos). Os portais também têm destaques e rankings. Caso você decida se concentrar nessa área, é boa ideia tentar entrar neles.

Estratégia de plataformas existentes: redes sociais

À medida que o público vai migrando de uma plataforma de comunicação digital para outra, o uso de redes sociais também muda. O número de usuários em plataformas mais recentes, como Snapchat e Vine, cresce em um ritmo vertiginoso e, em breve, outras certamente surgirão.

Embora seja difícil acompanhar esse ritmo de evolução, plataformas sociais ainda são uma das melhores maneiras de rapidamente adquirir um grande número de clientes. E faz sentido concentrar-se em plataformas que estejam só começando a pegar embalo.

Mais uma vantagem: uma plataforma social que ainda não amadureceu por completo não possui todos os recursos de que a certa altura ela vai precisar — e sua empresa pode preencher alguma dessas lacunas. Além disso, é menos saturada, já que grandes marcas costumam demorar mais para apostar em sites novos.

O YouTube, por exemplo, aproveitou brechas na plataforma do Myspace para conseguir a tração inicial. Lembremos que, em meados da década de 2000, o Myspace era a rede social mais visitada do mundo. Compartilhar vídeos na internet não era nada fácil. Subir um vídeo e colocá-lo em outros sites era complicado.

O Myspace não tinha uma solução de hospedagem de vídeo nativa. O YouTube veio e criou uma bem simples: em questão de minutos, qualquer um podia subir e incorporar um vídeo no Myspace e, melhor ainda (para o YouTube), quando o usuário do Myspace clicava em um vídeo desses, era levado *de volta* ao YouTube. Isso serviu para expor muitos usuários do Myspace aos recursos e ao conteúdo que o YouTube tinha e garantiu o rápido crescimento do novo site.

Toda grande plataforma tem uma história parecida. O Bitly satisfez a necessidade de links mais curtos para compartilhar no Twitter, e o grosso de sua adoção veio daí. O Imgur criou uma solução de hospedagem de imagem para usuários do Reddit e, por conta disso, seu uso explodiu. E esse padrão continua se repetindo.

Há milhares de sites e plataformas de porte considerável que sua empresa pode usar para conseguir clientes. Primeiro, descubra por onde, na internet, seus potenciais clientes estão circulando. Depois, crie uma estratégia para mirar esses prospects nessas plataformas. Sites como Amazon, eBay, Craigslist, Tumblr, GitHub e Behance já ajudaram muitas startups a ganhar tração.

Uma delas foi o Airbnb. Grande parte de seu crescimento inicial veio do portal de classificados norte-americano Craigslist. Como os usuários do Craigslist viram que o serviço de aluguel de acomodações era uma solução muito simples e segura, os programadores do Airbnb criaram um recurso (o "Post to Craigslist") para que todo anúncio em sua plataforma fosse reproduzido no Craigslist. Enquanto durou, essa manobra direcionou milhares de usuários do Craigslist para o Airbnb na hora de reservar uma acomodação.

A plataforma de pagamento digital PayPal adotou uma estratégia parecida para chegar a usuários do eBay, seus primeiros clientes. No começo, a própria plataforma comprava mercadorias no eBay e exigia que o vendedor aceitasse receber pelo PayPal. Deu tão certo que o PayPal se tornou mais popular do que o sistema de pagamento que o eBay tentava criar. Graças ao foco, o PayPal conseguiu conquistar grande parte dos membros de um dos poucos grupos de compradores e vendedores que aceitavam meios digitais de pagamento à época.

Case: Evernote

Desde que o Evernote foi lançado, seu principal canal de tração são as plataformas existentes. Fomos falar com Alex Pachikov, um dos criadores da empresa, cujo valor de mercado foi recentemente calculado em mais de US$1 bilhão.

O Evernote faz questão de estar em todas as plataformas, tantos as novas como as já existentes. Com isso, tira partido da campanha inicial de marketing da própria plataforma e tem maior chance de receber destaque. Phil Libin, CEO da empresa, conta o seguinte:

> Nós nos matamos nos dois primeiros anos para estar em tudo quanto era coisa lançada na App Store já no primeiro dia. Sempre que algum novo aparelho ou plataforma ia sair, trabalhávamos dia e noite por meses para garantir que o Evernote estivesse lá, apoiando aquele aparelho ou plataforma na App Store desde o primeiro dia (...).
>
> Quando o iPhone foi lançado, fomos um dos primeiros aplicativos para o aparelho, por isso recebemos muita promoção e tivemos bastante visibilidade. Quando chegou o iPad, estávamos lá desde o começo, não só com uma adaptação do app do iPhone, como muitas outras

CAPÍTULO VINTE

empresas fizeram (...). [Fizemos] uma versão totalmente nova para o iPad, apesar de não termos visto um iPad antes — tivemos de entrar na fila como todo mundo. Foi o mesmo com os dispositivos Android e com o Kindle Fire.

Vale repetir: quem chega primeiro pode se beneficiar da campanha inicial de marketing e da promoção que a própria plataforma está fazendo. É como diz Alex, do Evernote:

> Todo ano há uma nova plataforma, um novo aparelho, uma novidade. E, como alguém que está começando uma empresa, é bom pensar se você pode criar algo bacana para uma plataforma dessas. Obviamente, não há como saber se uma plataforma vai ter sucesso, mas é possível [tecer algumas] hipóteses razoáveis com base em experiências anteriores com uma empresa.
>
> A meu ver, muita gente acha que isso é apostar. O normal é dizerem: "Quando essa plataforma tiver 1 milhão de usuários, eu entro." Pensar assim pode até funcionar para uma EA ou uma Adobe. E, daqui a um ano, talvez seja o mais sensato para o Evernote também. Só que uma startup não está nessa posição. Quando uma plataforma é popular, é congestionada (...). Muitas pessoas têm um aplicativo bacana que poderia ter muito sucesso se conseguisse esse empurrão inicial, e esse empurrão inicial é grátis se você chegar cedo. No entanto, você corre o risco de que todo esse esforço seja um desperdício.

O Evernote foi um dos primeiros aplicativos para o sistema Android. Como tinha recursos bem legais, ficou em destaque na loja de aplicativos para Android por seis semanas consecutivas (quando a loja era bem menos abarrotada do que hoje). Com isso, ganhou centenas de milhares de clientes — e tudo porque chegou cedo e investiu muitos recursos de engenharia de software para ser o primeiro na plataforma. Quando a operadora norte-americana Verizon passou a trabalhar com celulares Android, o Evernote recebeu outro forte empurrão, pois tirou partido da campanha de marketing da operadora no país para marcar a ocasião.

Essa estratégia nem sempre funciona, sobretudo quando a plataforma não emplaca. O Evernote adotou a mesma abordagem com as plataformas de smartphones Nokia, Windows e BlackBerry, mas nenhuma moveu o ponteiro de tração. Mesmo assim, Alex está bastante satisfeito com a estratégia de modo geral, pois, quando funciona (como no caso do Android), o resultado mais do que compensa os fracassos.

Nos últimos anos, a estratégia da empresa foi ampliar o raio de atuação com o lançamento de aplicativos distintos para verticais específicas (por exemplo, Evernote Food, para anotações sobre comida, e Evernote Hello, para que o usuário se lembre de pessoas que conhece no dia a dia). Como receber destaque em lojas de aplicativos é sua tática de crescimento mais eficaz, com essa estratégia o Evernote consegue figurar em rankings de categorias em que seu principal aplicativo nem aparece.

Alex contou que, na empresa, há muita reflexão sobre qual tipo de recurso ou aplicativo chamaria a atenção dos editores:

> É preciso pensar na frente. O que despertaria o interesse da Apple ou do Google? Poderíamos fazer algo que a Apple, o Google ou a Microsoft estejam buscando? E existe alguma coincidência natural entre isso que estão buscando e aquilo que fazemos?

Esse raciocínio levou à criação de apps como o Evernote Peek, com o qual dava para converter qualquer mídia (anotações, vídeo, áudio) em material de estudo que podia ser acessado com o recurso Smart Cover do iPad. Embora não exista mais, o Peek causou sensação à época, pois aproveitava uma inovação tecnológica da Apple. Era tão bacana que apareceu em um comercial da própria Apple!

O Peek foi destaque na categoria de educação da App Store e durante um mês foi o aplicativo educacional mais baixado. Essa exposição rendeu ao Evernote mais de 500 mil novos usuários (que chegaram ao app pelo Peek) e foi um dos grandes responsáveis pelo crescimento da empresa em 2012.

CAPÍTULO VINTE

Embora o grosso do crescimento do Evernote venha de canais no mobile, a estratégia da empresa nessa área também funciona em outras plataformas. A lição, aqui, é que é uma boa ideia trabalhar com plataformas novas, ainda inexploradas, para gerar crescimento. Chris Dixon, sócio da Andreessen Horowitz e fundador da Hunch (comprada pelo eBay), disse o seguinte sobre o crescimento por meio de plataformas:

> Para crescer, algumas das startups de maior sucesso apostaram em plataformas nascentes que ainda não estavam saturadas e onde era mais fácil serem descobertas (...). Apostar em novas plataformas significa que, se a plataforma afundar, você provavelmente vai junto, mas também reduz drasticamente os riscos de distribuição.

METAS

- **Descubra por onde seus potenciais clientes estão circulando na internet.** Pelas maiores plataformas? Por plataformas de nicho? Por ambas? Depois disso, trace uma estratégia para chegar a todas essas plataformas.

- **Aproveite brechas em plataformas existentes.** Crie algo que preencha alguma lacuna para os usuários da plataforma em questão. Grandes empresas foram erguidas assim.

- **Foque plataformas novas, inexploradas.** Ou prove novos recursos de plataformas estabelecidas, pois a concorrência ali será menor.

CAPÍTULO VINTE E UM

FEIRAS DE NEGÓCIOS

Uma feira é a oportunidade de mostrar pessoalmente seu produto. A ideia de um evento desses, que em geral só tem gente do mesmo setor, é promover o contato entre quem tem algo a vender e potenciais clientes.

No começo, esse canal de tração pode ser usado para despertar interesse em seu produto. Quando a empresa estiver mais estabelecida, uma feira pode servir de ocasião para anunciar grandes novidades, conquistar clientes de peso, selar parcerias ou ser usada como parte de seu funil de vendas.

Entrevistamos Brian Riley, da SureStop, criadora do freio de bicicleta homônimo. A empresa usou feiras do setor para ganhar tração em todas as etapas de sua trajetória: do pré-produto ao acordo de distribuição com uma grande fabricante de bicicletas. Também falamos com Jason Cohen, fundador da WP Engine, que usou o marketing em feiras em sua primeira empresa, a Smart Bear Software.

Estratégia de feiras de negócios

Em quase todo setor há um grande número de feiras, tanto que é difícil escolher a qual delas ir. Para decidir se vale a pena participar de um evento desses como expositor, a melhor maneira é visitar uma edição dele para sondar o terreno. Na condição de visitante, dá para ter uma noção da utilidade da feira sem estourar seu orçamento. Se isso não for possível, tente sondar expositores de edições anteriores: "A feira teve um público grande?", "A qualidade dos participantes era boa?", "Você voltaria?" São perguntas importantes, que o ajudarão a decidir se determinada feira de negócios é uma boa opção para sua startup.

Brad Feld, sócio do Foundry Group, sugere o seguinte processo para a escolha de um evento desses:

- Defina quais são os objetivos de participar de feiras no ano em questão. Aparecer na mídia? Atrair investidores? Conquistar grandes clientes? Formar parcerias importantes? Ou alguma outra coisa? Esses objetivos vão ajudá-lo a decidir de quais eventos participar e como abordá-los.

- Liste todos os eventos do setor.

- Avalie cada evento à luz de suas metas. Reflita, em particular, sobre o tipo de contato que você quer fazer e se a feira sabiamente facilita essa interação. Se precisar falar com calma com prospects para montar uma carteira de clientes, busque um evento mais seleto. Já se o objetivo for interagir com o maior número possível de potenciais clientes, uma feira com grande público será melhor.

- Defina quanto sua empresa pode gastar por ano e distribua essa verba por trimestre. Com isso, é possível compatibilizar eventos em sua agenda com o orçamento e ter flexibilidade para alterar os planos mais à frente caso os objetivos da empresa mudem.

- Para encerrar, faça um cálculo inverso para ver se vale a pena participar de certo evento, considerando sua verba do trimestre. Digamos que você vá participar da Feira de Tração e que sua meta seja aumentar as vendas. Quando recebe a lista de participantes da feira (se não receber, peça ao organizador do evento), você vê que serão 10 mil pessoas. Seu cálculo, no entanto, é que só 30% desse público tem o perfil de um cliente potencial — ou seja, sendo realista, seu público-alvo são 3 mil pessoas.

CAPÍTULO VINTE E UM

Se a participação na feira tiver um custo de US$10 mil e você cobrar US$5 mil por seu produto, pode fazer sentido participar do evento, pois em tese o esforço já dará lucro na terceira venda. Nesse caso, a decisão só vai depender das demais oportunidades de tração a seu dispor no momento. Já se estiver vendendo um produto que custa US$50, você provavelmente não venderá o suficiente para que sua participação na feira valha o esforço.

Logo no começo, a SureStop foi a um monte de feiras, sempre levando um protótipo. Ainda não tinha linha de produção, preços ou planos concretos para vender o que quer que fosse. A meta era simplesmente ouvir outras empresas para saber o que buscavam em um produto dessa categoria.

Com base nessas conversas, a SureStop descobriu quais requisitos técnicos precisava cumprir e com que preços podia trabalhar. Mais tarde, quando já possuía um produto, a empresa intensificou a presença e os gastos com feiras de negócios. À medida que suas metas mudaram, mudaram também suas ações em cada uma dessas feiras.

TÁTICAS DE FEIRAS DE NEGÓCIOS

Para ter sucesso em uma feira de negócios, é preciso se preparar para o evento — uma das poucas ocasiões no ano em que quase todo mundo do setor estará reunido sob um mesmo teto. É importante causar boa impressão.

Para se preparar, faça uma lista de participantes com quem você quer se encontrar na feira e tente deixar esses encontros previamente agendados. Brian enviou um e-mail bem fundamentado àqueles que queria conhecer, explicando o que a SureStop fazia e como seu produto seria bom para o negócio deles. Para complementar, anexou um documento de uma página com mais informações sobre a empresa. Com essa estratégia, conseguiu falar com quem queria em todos os eventos de que já participou.

Com a palavra, Jason Cohen, da WP Engine:

Agende reuniões. Reuniões, sim! Uma feira é uma rara oportunidade de falar cara a cara com:

- editores de publicações digitais e impressas (para aparecer de verdade na mídia, esse pessoal é fundamental; já saí nas principais revistas de programação e posso atribuir quase toda essa cobertura diretamente a conversas com editores em feiras de negócios — funciona);
- blogueiros que você curte, sobretudo se quiser que escrevam sobre você;
- clientes atuais;
- clientes potenciais que no momento estão testando seu produto;
- fornecedores;
- concorrentes; e
- possíveis parceiros.

Trabalhe para conseguir reuniões. Entre em contato por telefone ou e-mail com todo mundo que for de seu interesse. Em e-mails, use títulos que indiquem claramente que não é spam, como: "Na [nome da feira], podemos conversar por cinco minutinhos?" Tento agendar pelo menos cinco reuniões por dia. Marcar um happy hour ou um jantar depois da feira também é uma boa ideia.

Se um de seus objetivos for aparecer na mídia, entre em contato com meios que estarão presentes na feira. A imprensa vai a eventos de um setor com a meta *específica* de saber o que está acontecendo naquela área. Dê assunto para os jornalistas: pode ser um novo produto, um recurso ou um acordo com um grande cliente.

O sucesso de uma feira é determinado pelas relações que você estabelece e pela impressão que deixa em jornalistas, potenciais clientes e possíveis parceiros. Para fortalecer esses relacionamentos, Mark Suster, sócio da Upfront Ventures, sugere que a empresa organize jantares com esses indivíduos.

Outro segredo dos grandes mestres em feiras de negócios é marcar um jantar e convidar mais pessoas, uma excelente maneira de travar um contato mais próximo. Para começar, chame um punhado de amigos interessantes que estejam disponíveis. Faça o possível para emplacar um nome famoso que os outros queiram conhecer — um só basta. Se puder incluir esse nome na lista de participantes enviada com os demais convites (liste os outros também, obviamente), você vai atrair mais pessoas que gostaria de conhecer.

Outra estratégia parecida é com clientes. Se você convidar para um jantar três ou quatro clientes, três ou quatro prospects, dois ou três funcionários e outro punhado de pessoas interessantes, já está bom. Um prospect prefere conversar com um cliente atual relevante a falar somente com seu pessoal de vendas.

Última dica: marcar um encontro em um local badalado é uma das melhores maneiras de garantir a presença de gente conhecida, pois todo mundo adora esse tipo de lugar. E, se o custo for alto demais para sua startup, considere organizar o jantar com mais duas empresas. Assim, é possível ampliar sua rede e dividir a conta ao mesmo tempo.

Quem quiser ir além do típico jantar pode organizar uma festa. É uma boa maneira de descontrair e trocar ideias com outros participantes do evento. E, de novo, se for organizada com outras startups, o custo pode ser digerível.

Na hora de planejar o estande, decida primeiro qual a melhor localização para seu caso. Se a meta for atrair muitas pessoas e não um pequeno grupo de prospects de alto valor, é preciso ter visibilidade. Isso significa dispor de um estande em um local de alto tráfego e de um plano de marketing para atrair público. Já se sua estratégia depender de conversas com alguns parceiros importantes, um estande em uma localização nobre e o custo que isso traz não fazem sentido. Nesse caso, pode ser melhor estar em um lugar bem particular, como ao lado de determinada empresa.

Seja qual for a localização, o estande deve impressionar. Um banner que informe o que você faz e um material de qualidade — incluindo cartões de visita e uma boa demonstração — são o básico. O mercado está cheio de empresas especializadas em criar material para feiras de negócios.

A fim de atrair público para o estande de sua startup, Jason Cohen, fundador da Smart Bear Software, enviou vales-desconto para o software a todos os participantes antes do evento. Para receber o desconto, a pessoa tinha de visitar o estande.

Brindes são outra boa ferramenta para fazer barulho e criar tráfego em uma feira. Embora canecas e bolas antiestresse sempre agradem, dá para ser mais criativo e distribuir brindes diferentes para se destacar no evento. Um jogo de palavras com o nome da empresa ou sua proposta de valor pode fazer a startup virar assunto entre o público.

Durante a feira, ser proativo pode trazer as pessoas para seu estande. Os criadores da RJMetrics, empresa de business analytics, contaram como abordaram as pessoas em feiras para iniciar um diálogo:

> Uma coisa ficou clara: vale a pena ter uma estratégia outbound. Só 28% das conversas que tivemos foram com participantes que chegaram ao estande espontaneamente. Isso significa que abordar as pessoas permitiu que tirássemos de três a quatro vezes mais valor da feira do que sem usar essa estratégia.

Uma tática proativa e barata — e que exige zero criatividade — é distribuir o maior número possível de sacolas com o nome da empresa. A maioria dos participantes carregará folhetos, catálogos e brindes pela feira. Parar cada uma dessas pessoas e oferecer uma sacola para que guarde aquilo tudo fará o visitante não só falar com você, como também — o mais importante — exibir sua marca ao circular pelo evento.

Outra tática muito comum é fazer algo interessante no estande para que as pessoas permaneçam ali tempo suficiente para ouvir toda a proposta da empresa. A SureStop usa um vídeo divertido que compara seu produto com freios comuns de bicicleta. Nele, uma pessoa desce uma ladeira com uma bicicleta equipada com um sistema comum de freio e é arremessada sobre o guidão ao frear abruptamente. Já quando aparece na mesma situação usando uma bicicleta equipada com o freio da SureStop, o ciclista consegue parar de maneira rápida e segura. É um jeito simples e interessante de despertar interesse pelo produto.

Quando uma empresa tenta envolver um possível cliente, deve entregar a ele um material que contenha um CTA ("call to action") bem específico. Se a pessoa pegou um cartão de visita no estande, por exemplo, esse cartão deve ter uma oferta bacana (baixar um guia grátis do setor, por exemplo), além de um link exclusivo para essa promoção. Seu site precisa estar otimizado para o mobile, pois a maioria dos visitantes vai estar usando o celular para entrar nessa página.

Feiras de negócios permitem um contato mais direto com clientes, parceiros e veículos de comunicação do que a maioria dos outros canais de tração — e em um curto período de tempo. Esse contato pode ser particularmente valioso se seus principais clientes e parceiros estiverem geograficamente dispersos, tornando proibitivo o custo de se deslocar para encontrar cada um deles separadamente. Esse canal tem o potencial de mover o ponteiro de tração para a empresa em questão de dias.

Foi o que aconteceu com a SureStop, quando ela possuía apenas um protótipo. Na esteira de uma grande feira do setor, a empresa emplacou um relacionamento com uma importante marca de bicicletas, a Jamis. Nessa reunião, a startup descobriu quais requisitos seu produto teria de cumprir se quisesse trabalhar com aquela fabricante.

Depois de criar um produto que satisfazia esses critérios, a SureStop conseguiu estabelecer uma parceria com a marca. Hoje, seus freios estão em milhares de bicicletas nos Estados Unidos e são sua maior fonte de tração. E tudo começou com esse canal, a feira.

Metas

- **Antes de confirmar a participação em uma feira, descubra se vale a pena.** Uma ideia é ir a uma edição como visitante; outra, sondar expositores de edições anteriores.

- **Prepare uma agenda de reuniões e jantares.** Veja com quem vale a pena falar e faça contato com essas pessoas durante a feira.

- **Use estratégias inbound e outbound para atrair público para seu estande.** Seja proativo e criativo. Todo material distribuído deve ter um call to action forte.

CAPÍTULO VINTE E DOIS

EVENTOS OFFLINE

Patrocinar ou organizar eventos com presença física dos participantes — de pequenas reuniões a grandes convenções — pode ser uma boa maneira de ganhar tração. O Twilio, um serviço para incluir recursos de chamadas de voz e mensagens de texto em aplicativos, usa hackathons, conferências e encontros de tudo quanto é porte para atrair clientes. Empresas maiores, como a Oracle e a Box, organizam eventos gigantescos para manter a liderança do mercado. Para ter uma ideia, a convenção Dreamforce, da Salesforce, atrai mais de 100 mil participantes!

Na fase I, eventos offline são uma oportunidade de conversar diretamente com os prospects sobre os problemas que os afligem. É algo especialmente importante quando o público-alvo não responde bem à publicidade digital e não tem um espaço natural para interagir online. Reunir esses clientes sob um mesmo teto ou ir a um lugar onde se encontram em pessoa são maneiras eficazes de chegar até eles.

Um evento offline é particularmente bom para startups com ciclo de vendas longo, como aquelas que trabalham com software de gestão empresarial. Veremos como a Enservio atraiu tomadores de decisão e encurtou o ciclo de vendas usando esse canal. Eventos offline também servem para estabelecer uma relação com usuários frequentes, algo que tanto a Yelp como a Evite souberam fazer com sucesso.

Estratégia de eventos offline

Congressos, conferências e afins são a modalidade mais popular de eventos offline. Todo ano, centenas de eventos ligados a startups e milhares de conferências de gestão são realizados no mundo inteiro.

Uma reunião dessas pode ser boa para qualquer fase de desenvolvimento da startup. Na fase I, em que até um grupo pequeno de pessoas pode mover o ponteiro de tração de sua empresa, participar de meetups e eventos é uma boa ideia. Startups de tecnologia na fase II podem se valer de convenções maiores, como a TechCrunch Disrupt, a Launch Conference e a SXSW, para turbinar a tração que já têm. Na edição da SXSW de 2007, o Twitter, lançado nove meses antes, já possuía uma tração considerável (centenas de milhares de usuários). Como muitos de seus primeiros usuários iriam à SXSW, a plataforma viu o evento como uma oportunidade de acelerar a adoção. Um de seus fundadores, Evan Williams, contou:

Fizemos duas coisas para aproveitar a massa crítica que começava a se formar:

1. Desenvolvemos um visualizador do Twitter e fizemos um acordo com o festival para espalhar telões pelo espaço (...). Pagamos US$ 11 mil (praticamente tudo o que o Twitter gastou em marketing) e nós mesmos instalamos os painéis.

2. Criamos um recurso especial para quem mandasse um SMS com o texto "join sxsw", a fim de que o número 40404 aparecesse nos telões. Quem estava usando o Twitter pela primeira vez automaticamente passaria a seguir uma meia dúzia de "embaixadores" — usuários do Twitter que também estavam na SXSW. Tudo isso foi anunciado nos telões.

CAPÍTULO VINTE E DOIS

Depois dessa conferência de marketing específica, o Twitter passou de 20 mil tuítes por dia para mais de 60 mil. Também ganhou o SXSW Web Award, o que gerou cobertura jornalística e chamou ainda mais atenção para seu serviço.

Eric Ries queria atrair mais público para seu blog, no qual promovia os princípios do movimento Lean Startup. Temia, no entanto, que sua mensagem se perdesse em uma conferência grande como a SXSW. O que fez foi organizar um evento próprio e convidar fundadores de empresas de sucesso para contar como tinham adotado os princípios Lean em suas startups.

Para descobrir se haveria demanda por um evento do gênero, Eric perguntou se seus leitores tinham interesse por algo assim. Ao receber um retumbante "sim", começou a vender ingressos em seu site e em outros blogs populares entre startups.

O evento, batizado de Startup Lessons Learned, começou como uma conferência de um dia em São Francisco, com poucos palestrantes e painéis focados nos conceitos da Lean Startup. Por ser curto, atraiu gente que não tinha verba para viajar ou não queria se ausentar do trabalho. Além disso, Eric evitou a trabalheira de coordenação e o custo que um evento de vários dias exige, incluindo gastos com deslocamento de palestrantes, hotéis e afins, e tornou o compromisso de comparecer o mais simples possível. O resultado foi um grande público e uma excelente experiência para os participantes.

Eric, porém, queria que pessoas de outros lugares também se inteirassem do que estava acontecendo na conferência — daí a decisão de transmitir o evento ao vivo para grupos reunidos país afora. Indivíduos que participaram desses meetups ou assistiram sozinhos à live foram fundamentais para promover as ideias do empreendedor a um público maior e fazer de seu livro um best-seller.

Outras empresas gastaram bem mais com eventos para ganhar tração. Foi o caso da Enservio, que vende sistemas bem caros para seguradoras e que vinha tendo dificuldades para chegar até os altos executivos do setor de seguros por meio de outros canais de tração.

Para conseguir tração nesse canal, a Enservio não mediu esforços e organizou um evento de vários dias — o Claims Innovation Summit — no Ritz-Carlton da bela Dove Mountain, no Arizona. Para que a conferência não parecesse um pitch de vendas de seus serviços, a empresa convidou profissionais renomados de grandes consultorias, gente respeitada no setor de seguros e criadores de startups badaladas para dar palestras. Isso serviu para atrair executivos do setor — os potenciais clientes da Enservio —, que teriam a oportunidade não só de aprender com as palestras, mas de fazer networking e curtir o lugar ao mesmo tempo.

O evento atraiu grandes tomadores de decisão e, da noite para o dia, estabeleceu a Enservio como líder do segmento. Hoje, a conferência faz parte do calendário de eventos anuais do setor.

A MicroConf, por sua vez, é uma convenção de menor porte voltada para startups bancadas com dinheiro próprio. Organizada por Rob Walling, da HitTail, atrai centenas de empreendedores, e os ingressos se esgotam em poucos dias. De início, Rob teve dificuldade de atrair público para um evento do qual ninguém nunca ouvira falar. Ele contou:

> Foi uma luta vender [ingressos para a primeira MicroConf] (...). Coloquei anúncios no Facebook, usei o AdWords, mas nada funcionava. Se a coisa não fosse relacional, se as pessoas não ouvissem falar da conferência, não haveria tração. (...) Fizemos até um e-book com depoimentos e artigos de palestrantes da MicroConf, que a pessoa pagava com um tuíte. Viralizou bem, mas não ajudou a vender nenhum ingresso.
>
> Houve quem dissesse que era muito caro. Até acho que para certas pessoas esse era o problema, mas, no fundo, tinha a ver com a capacidade de provar que era algo de valor. Uma vez que isso não estava provado, ninguém sabia se gastaria aqueles US$500, além de passagem aérea e hotel, para, no fim, participar de uma conferência fuleira, medíocre. Como no primeiro ano esse valor ficou provado, todo mundo passou a dizer que tínhamos de cobrar mais. Agora, ninguém mais reclama do preço.

CAPÍTULO VINTE E DOIS

Rob falou sobre o tipo de empresa que pode se beneficiar de encontros e outros eventos offline.

Acho que empresas com clientes que tenham interesses comuns, que formem alguma espécie de comunidade ou que pelo menos tenham a necessidade disso são as que mais ganham com isso. Não sei se a Hit-Tail seria um bom exemplo de empresa que poderia organizar uma boa conferência (...). Como nossa base de clientes é muito variada (mercado imobiliário, médicos, startups etc.), realizar uma conferência de SEO provavelmente não seria tão útil.

Qualquer nicho cujo mercado seja digital e de fácil acesso seria bom, pois todo mundo quer ir a uma conferência. Qualquer nicho no qual seja possível recrutar palestrantes renomados também seria bom.

Uma alternativa à conferência é travar contato com um grupo de clientes por meio de um encontro, um meetup. Uma pequena empresa de software de SEO, por exemplo, poderia realizar um meetup para discutir as últimas novidades em táticas de SEO.

Encontros de pequenos grupos dão mais resultado do que se supõe, sobretudo em estágios iniciais. Foi a estratégia que Seth Godin utilizou quando lançou o livro *Você é indispensável*. Pelo blog que mantém, Seth organizou meetups para discutir a obra em várias cidades dos Estados Unidos. No total, mais de 10 mil pessoas participaram dos eventos, onde não só trocaram ideias sobre o que Seth escrevera, como também estabeleceram relações umas com as outras.

Um encontro desses, quando dos bons, pode criar uma comunidade duradoura. Os grupos que se formaram para assistir à live da primeira conferência sobre Lean Startup até hoje se reúnem regularmente em mais de 20 cidades. Esses eventos permitem que profissionais continuem em contato para discutir as ideias de Eric e mantêm o livro dele na lista dos mais vendidos.

Você pode criar um meetup, juntar-se a um que já exista ou mesmo patrocinar um evento do qual seus potenciais clientes participarão. O Meetup.com é o site mais popular para isso.

Nick Pinkston, fundador da startup de automação industrial Plethora Labs e do grupo Hardware Startup Meetup, sentiu que o movimento de startups de hardware precisava de uma comunidade. Em São Francisco, havia centenas de eventos e encontros focados em startups de software, mas nenhum voltado para necessidades e desafios específicos de startups de hardware.

Nick organizou o primeiro meetup no TechShop SF. O encontro reuniu 60 pessoas, e a única despesa foi a conta de US$70 das pizzas. Um evento desses é uma excelente maneira de sondar o interesse pelo meetup, pois é fácil de organizar. Nesse caso específico, o interesse foi grande. Hoje, o grupo tem mais de 2.600 membros.

Por incrível que pareça, uma festa também pode ajudar a ganhar tração. Foi o que fez a empresa de convites digitais Evite, que organizou para o turco Mahir Çağri, uma celebridade da internet, uma das maiores festas já vistas em São Francisco.

Naturalmente, a Evite se encarregou de criar e enviar todos os convites para a festança, que expôs a empresa a seu público-alvo de modo memorável. Afinal, quem não gosta de ser convidado para uma festa? As pessoas que estiveram lá provavelmente vão se lembrar da Evite na hora de realizar a própria festa.

O Yelp fez algo parecido quando ia estrear em uma nova cidade. O site organizava festas nas quais os Yelp Elites (o termo da empresa para seus usuários frequentes) recebiam tratamento VIP: tinham prioridade na confirmação de presença, não pagavam pela comida e ainda ganhavam brindes. Quando ficavam sabendo dessas vantagens, outros usuários eram incentivados a ser mais ativos no site.

TÁTICAS DE EVENTOS OFFLINE

Embora a MicroConf tenha se tornado um evento gigantesco, Rob acha que uma miniconferência de um dia em geral funciona muito bem para uma startup menor ganhar tração. De quebra, o evento pode ser um jeito fácil e barato de sondar se seu público teria interesse por um evento maior.

CAPÍTULO VINTE E DOIS

Que tal, por exemplo, escolher um assunto relevante para seu produto e chamar os fundadores de três empresas locais para falar brevemente sobre o tema ou promover um debate com eles? Outra ideia é fazer uma "não conferência" na qual os participantes sugerem tópicos para uma mesa-redonda e votam para escolher qual deles será debatido.

O auditório de uma faculdade é um bom lugar para um evento desses. Universidades costumam permitir o uso de suas instalações se o evento tiver fins educativos e se docentes ou alunos seus forem participar. É possível fazer uma miniconferência dessas por menos de US$500.

Se seu primeiro evento for um sucesso, considere organizar encontros maiores. O planejamento de um evento de grande porte exige mais esforço, pois tudo tem de ser feito em escala maior. No entanto, dá para buscar patrocinadores dispostos a rachar as despesas. No caso da MicroConf, empresas com produtos voltados para startups arcam com parte do custo de organização da conferência.

Rob também deu dicas importantes para a realização de um bom evento. O nível do público deve ser o mais alto possível, para que quem vá à conferência aprenda não só com quem vai dar palestras, mas também com outros participantes. Segundo Rob, a melhor saída é cobrar relativamente caro pelo ingresso, para aumentar a probabilidade de que pessoas de empresas de sucesso compareçam.

A estrutura do evento também tem um papel crucial na experiência que você e os participantes terão. No caso da MicroConf, Rob faz questão de que o evento seja pequeno para que os participantes travem contato uns com os outros e os palestrantes conheçam seu público. Em eventos grandes, depois de falar ou de participar de um painel, um palestrante costuma ser assediado por uma multidão. Já em eventos menores, é possível uma interação mais pessoal. Para facilitar esse contato, Rob coloca palestrantes para almoçar com participantes e para fazer parte de mesas-redondas.

Para quem é criativo e disposto a provar coisas novas, organizar um bom evento pode dar resultados espetaculares, e uma das razões para isso é o fato de que pouquíssimas startups usam esse canal de tração. É como disse Rob:

> Acho que a grande lição para o marketing é que [as startups] precisam testar mais coisas e, se algo não der certo, descobrir logo (...). Experimentar isso tudo e ver o que funciona é fundamental. As vias de sempre, como Facebook e AdWords, já estão congestionadas.
>
> É preciso pensar em fazer coisas que não escalam. No começo, quando está tentando conseguir aqueles primeiros mil clientes, você tem de fazer coisas que não escalam. Você precisa correr mais riscos.
>
> É possível, sim, erguer um negócio sem ser criativo, mas quem não tem criatividade precisa de dinheiro. Ou é uma coisa, ou outra.

Metas

- **Organize um evento.** Congressos, conferências e afins são a modalidade mais popular de eventos offline e, portanto, uma boa tática para a fase I do negócio. Se não houver um evento desses que congregue seu público-alvo, que tal organizar um?
- **Teste o canal antes.** Vá a eventos como participante ou realize um punhado de meetups menores ou uma miniconferência de um dia.
- **Promova uma festa.** Fazer encontros ou festas, paralelamente a conferências ou em várias cidades, é outra boa estratégia para atrair e recompensar potenciais clientes.

CAPÍTULO VINTE E TRÊS

PALESTRAS

Nos dois capítulos anteriores, falamos rapidamente sobre palestras em feiras e eventos. Neste capítulo, mostraremos como emplacar uma palestra e tornar essa apresentação interessante.

Ingressar nesse canal é relativamente fácil. Comece dando palestras de graça a pequenos grupos de potenciais clientes ou parceiros. Discursar em eventos pequenos pode servir para melhorar sua capacidade de falar em público, gerar alguma tração inicial e difundir sua história ou mensagem. E, se você nunca fez isso na vida, também é bom para o crescimento pessoal. Mark Zuckerberg já disse, por exemplo, que aprender a falar em público melhorou muito sua capacidade como gestor. Ainda que no final você opte por não usar esse canal de tração, sugerimos que tente dar pelo menos uma palestra.

Dan Martell, criador da Clarity, plataforma de consultoria focada no consumidor, que conecta fundadores de startups com empreendedores de sucesso, explicou, em entrevista, como ganhar tração com palestras:

> Falar em público é engraçado. A meu ver, é aquela ideia antiga de que é ensinando que se vende (...). E ensinar é o que o marketing de conteúdo faz: webinars, postagens em blogs e tudo o mais. Vejo essas coisas

como o futuro do marketing de qualidade. A oportunidade de ensinar e estar na frente de uma plateia por 45 minutos apresentando sua empresa e sua história para potenciais clientes é um bom uso do tempo.

Esse canal funcionará sempre que houver pessoas dispostas a ouvi-lo e, desde que você tenha um pitch adequado, fará seu ponteiro de tração avançar. Em geral, isso é mais comum com empresas B2B, que costumam participar de grandes conferências, embora Dan tenha conseguido tração com palestras que deu para a Clarity.

Estratégia de palestras

Para dar uma palestra em um evento, você tem de entrar no radar dos organizadores. Em geral, esse pessoal *precisa* preencher lacunas na programação. Se sua ideia for boa e o evento estiver alinhado com sua área de expertise, venda a palestra aos organizadores. Se acharem a ideia consistente, eles vão se interessar. Esse processo fica mais fácil à medida que você ganha reconhecimento na área.

Steve Barsh, empreendedor em série e ex-CEO da PackLate, já fez isso várias vezes. Só que ele não vai logo dizendo sobre o que gostaria de falar, e sim pergunta aos organizadores do evento que temas eles gostariam que fossem abordados. De posse dessa informação, Steve formula o pitch perfeito, com os principais pontos que esses organizadores querem cobrir.

Para decidir em que evento seria bom se apresentar, faça uma lista de todos os que são realizados em seu setor de atividade. Cada evento tem um público próprio, que espera algo específico dos palestrantes. É preciso estar atento a três categorias em particular:

- Eventos nobres têm muito prestígio e atraem público de todo o país e até do exterior. Em geral, há poucos eventos dessa categoria por ano, seja qual for o setor. Apresentar uma ideia a organizadores de um evento desses exige muita antecedência (em geral, de 6 a 12 meses).

- Eventos regionais reúnem, como o nome já diz, participantes de uma região. Dependendo do evento, é possível conseguir um lugar entre os apresentadores, de dois a quatro meses antes da data.
- Eventos locais reúnem o público da cidade em que são realizados. Assim como nos eventos regionais, o prazo para emplacar uma palestra pode variar, mas, em geral, é de um a três meses de antecedência.

Na hora de decidir quem vai falar, os organizadores em geral levam em consideração o timing, o tema e a credibilidade da pessoa. Ao estabelecer seu domínio de um assunto relevante e enviar sua proposta com antecedência, você maximiza a probabilidade de conseguir uma das melhores vagas de palestrantes.

Emplacar uma palestra será *bem* mais fácil se você comprovar que é uma referência em sua área de atuação. Afinal, se não tiver "conquistado" o direito de estar no palco, a plateia não lhe dará a devida atenção. Se você tiver um blog popular, por exemplo, é muito mais fácil que organizadores e participantes conheçam e reconheçam sua expertise.

Além de experiência no setor, os organizadores do evento buscam alguém com boa capacidade de falar em público. Se você não tiver esse reconhecimento, eles vão hesitar — ainda que você não cobre nada.

Conseguir essa experiência inicial como palestrante não é difícil. Comece falando de graça em espaços de coworking, em organizações sem fins lucrativos e em conferências ou eventos menores. Use essas apresentações mais discretas para aprimorar seu discurso e construir sua reputação.

É relativamente pequeno o mundo dos organizadores de eventos, que estão sempre de olho em quem se apresenta nesse circuito. O resultado é que o número de palestras que você dá tende a crescer organicamente. É como disse Dan:

Para se tornar um palestrante, você precisa se apresentar uma primeira vez. Se sua palestra for boa, quem está na plateia pedirá que você se apresente em outros eventos. É assim que acontece. Nunca me vendi como palestrante; nem meu currículo tem isso. O que acontece é que, ao falar em um evento, as pessoas veem ou comentam e você acaba sendo convidado para outros.

Um bom trabalho em eventos pequenos pode servir de trampolim para palestras em encontros maiores, pois permite que você peça indicações e use essa experiência como prova social.

Táticas de palestras

Quando alguém começa a falar, duas dúvidas acometem a plateia: se a pessoa é importante o suficiente para estar ali no palco e de que servirá ouvir a palestra. Para que essas perguntas não fiquem rondando a cabeça do público, responda a ambas imediatamente. Dan explicou, por exemplo, que é por isso que ele próprio se apresenta à plateia, aproveitando para contar como criou e vendeu suas duas empresas anteriores (Flowtown e Spheric) por milhões.

Uma vez conquistada a atenção do público, conte uma história cativante para não perdê-la. Toda boa palestra conta uma história. No seu caso, essa história é *o que* sua startup está fazendo, o *porquê* disso e, especificamente, *como* você chegou à posição em que está hoje ou *aonde* pretende chegar.

Naturalmente, não são muitas as histórias cativantes. É por isso que Dan repete sempre uma ou duas boas histórias, fazendo alterações mínimas para se adaptar ao público. Ele nunca dá palestras personalizadas e sempre reaproveita os slides. Logo, suas apresentações são sempre bem ensaiadas e bem recebidas.

> Em geral, busco saber quais são os dois principais clientes a quem quero falar, pois é difícil dar mais do que duas boas palestras. No caso da Clarity, são empreendedores e potenciais parceiros. Tente descobrir duas áreas em que seus potenciais clientes possam estar interessados

CAPÍTULO VINTE E TRÊS

e fale sobre isso. No meu caso, dou palestras que ajudam empreendedores a receber bons conselhos e conto como isso mudou minha vida, falando sobre minha jornada como empreendedor e explicando por que receber o conselho certo pode ser transformador.

Trabalhar com poucas palestras também tem outro lado útil: você adquire mais prática a cada apresentação, o que ajuda a descobrir o que está ou não agradando a plateia. À medida que for ganhando mais experiência e desenvoltura, será possível deixar suas apresentações cada vez melhores.

Falamos com Dan sobre táticas ainda mais avançadas para quem quiser usar o canal de palestras.

Uma delas é gravar a apresentação. Se, em um evento de 250 pessoas, você tiver dado a melhor palestra de sua vida, só aquelas 250 pessoas terão ouvido. No entanto, se essa palestra for gravada, será possível postar trechos da apresentação e levar sua história a milhares de pessoas que, sem isso, jamais teriam acesso a ela. Entre esse público digital certamente haverá organizadores de eventos que poderão procurá-lo depois.

Explorar mídias sociais para chegar a indivíduos de *fora* da conferência é outra tática. Rand Fishkin, da Moz, posta slides no Twitter antes de cada apresentação, para que seus seguidores saibam sobre o que ele vai falar. Quando finalmente sobe um vídeo da palestra, já tem algum buzz e interesse em assistir à apresentação e compartilhá-la.

Dan Martell tenta tirar proveito das mídias sociais até *durante* a palestra. Ele não pede a atenção irrestrita da plateia, e sim a "restrita", ou seja, quer que tuítem e compartilhem o que acharem bom enquanto a apresentação estiver rolando. Para facilitar, inclui seu identificador do Twitter em todo slide e solicita que o público tuíte para ele caso realmente se identifique com algo. Com isso, Dan não só fica sabendo de que conteúdo a plateia mais gostou, mas também consegue chegar a mais pessoas.

Além de pedir ao público que mande tuítes e mensagens, Dan encerra a apresentação com um call to action. Em geral, é algo bem simples, como pedir às pessoas que cadastrem o e-mail delas para receber conteúdos ou que abram um link para conferir os slides da apresentação. A tática revela se quem estava na plateia achou a informação interessante o suficiente para responder ao chamado.

Já contamos que Dan trabalha com apenas duas palestras. Mas e se uma conferência pedir uma apresentação de 20 minutos e outra de 60? Preparar uma palestra do zero toma muito tempo: é mais eficaz adaptar a apresentação existente a um público ou evento específicos. Nas palavras de Dan:

> As melhores palestras que já vi são aquelas em que cada slide é, basicamente, uma história de sete minutos, com começo, meio e fim. Quando você dominar essa técnica e já tiver slides prontos, é possível simplesmente ir cortando slides para diminuir uma apresentação de 60 minutos para uma de 20.

Os slides da apresentação são um elemento muito importante em qualquer palestra. Todos devem ser interessantes.

Como já dissemos, a principal razão para dar palestras é cultivar relações. Na maioria das conferências, os palestrantes são convidados para um jantar no qual podem se conhecer e fazer contatos. Quando a programação oficial não prevê nada parecido, Dan toma a liberdade de marcar um jantar.

Assim como em feiras de negócios, é bom saber antecipadamente quem participará do evento no qual você vai se apresentar, para se preparar. Peça a lista de participantes aos organizadores e entre em contato com pessoas que gostaria de conhecer. Conte sobre o que você vai falar e sugira um encontro após a apresentação. Depois de ter ouvido sua palestra, essa pessoa vai estar muito mais aberta a suas propostas.

Dar palestras é um dos poucos canais de tração capazes de consolidar rapidamente seu lugar em um setor de atividade. A palestra certa na hora certa e ao público certo pode transformá-lo da noite para o dia em um líder respeitado em sua área de atuação.

Metas

- **Lembre que dar uma palestra é fazer um favor aos organizadores de eventos.** Esse pessoal *precisa* preencher lacunas na programação.

- **Mande uma proposta bem-embasada e com a devida antecedência.** Para decidir quem vai falar, os organizadores levam em consideração o timing, o tema e a credibilidade da pessoa. Ao estabelecer seu domínio de um assunto relevante e enviar sua proposta com antecedência, você maximiza a probabilidade de conseguir uma das melhores vagas de palestrantes no evento.

- **Conte uma história à plateia.** Sem uma história, o público perde o interesse. Fale sobre *por que* você faz o que faz e dê insights que só você, na condição de criador de uma startup, teria condições de dar. E precisa ser algo interessante!

CAPÍTULO VINTE E QUATRO

CRIAÇÃO DE COMUNIDADES

Criar comunidades é investir na interação com seu público, incentivando essa relação e levando esses clientes a atrair ainda mais pessoas para o círculo de sua startup. Entrevistamos os fundadores do Reddit, da Wikipédia, da Stack Exchange, da *Startup Digest* e da Quibb para saber como cada um criou, ampliou e fomentou sua comunidade.

Você provavelmente conhece alguém que vive falando do Yelp — de como é bom para escolher um restaurante, das avaliações que já postou no site etc. Quem faz isso é um evangelista, aquele cliente louco pelo produto, que vive falando maravilhas dele.

Por exemplo, depois de ouvir um amigo falando do Yelp pela terceira vez, você usa o aplicativo para encontrar um lugar legal para comer no sábado à noite. Então, acha o Yelp tão útil que também se torna um evangelista. Começa a postar avaliações e a falar do aplicativo. É assim que um evangelista converte outras pessoas para um produto e ajuda a engrossar uma comunidade.

Estratégia de criação de comunidades

Todas as pessoas com as quais falamos frisaram quanto foi importante contar com um público inicial para puxar o movimento de criação da comunidade. A Wikipédia, por exemplo, começou com um pequeno grupo de usuários da Nupedia, um projeto anterior de enciclopédia online.

A Stack Exchange é uma rede de sites de perguntas e respostas, sendo o Stack Overflow o mais famoso deles. Joel Spolsky e Jeff Atwood fundaram a empresa em 2008. No meio digital, os dois já eram famosos: Joel por ter criado a Fog Creek Software e Jeff por escrever para o blog de programação codinghorror.com.

Graças ao tráfego considerável em seus blogs, Jeff e Joel puderam apresentar a ideia do Stack Overflow aos leitores e saber o que eles achavam do site antes do lançamento. Até pediram a ajuda da comunidade para escolher o *nome* Stack Overflow (foram quase 7 mil votos!).

Embora isso mostre o poder de contar com um público já de cara, é um caso atípico. Poucas startups conseguem 7 mil clientes em seis meses de vida, muito menos 7 mil votos para a escolha do nome de um site que ainda não existe. Ter um público preexistente, no entanto, não é condição necessária para criar uma comunidade de sucesso.

Chris McCann começou a *Startup Digest* enviando um e-mail a 22 amigos na região de São Francisco sobre eventos de tecnologia nas redondezas. Para engrossar essa lista, resolveu fazer uma apresentação de 20 segundos sobre sua comunidade em todo evento do qual participava. A tática deu certo: em questão de meses, o número de usuários já era de alguns milhares de pessoas. Hoje, a *Startup Digest* — que começou com aqueles 22 amigos e pegou carona em encontros locais — tem mais de 250 mil membros.

Todo mundo quer sentir que faz parte de algo maior. Para criar uma comunidade fora de série, você precisa ter uma missão. Uma missão contundente dá à comunidade um senso comum de propósito e motivação para que todos contribuam. É como disse Jeff Atwood:

> Tínhamos um manifesto e uma ideia do que queríamos fazer. E as pessoas compraram essa visão porque as fazia se sentir incríveis (...). [Isso envolveu] a criação de algo que ajuda todos de maneira bem concreta

CAPÍTULO VINTE E QUATRO

e específica. Contribui para que sejam melhores no trabalho, em algo que gostam de fazer. Havia um idealismo que atraiu as pessoas para a Stack Exchange e lá estávamos nós falando disso o tempo todo.

Ser aberto com a comunidade é a melhor maneira de fazer as pessoas se apropriarem de sua missão. Jeff e Joel pediam a opinião de todos a cada passo e criaram o site que a comunidade queria. Quando o Stack Overflow foi lançado, esse público já estava empolgado e tinha traçado o rumo do site. Isso rendeu centenas de usuários nos primeiros dias e milhares já no primeiro mês.

Em nossas entrevistas, descobrimos também que é *fundamental* promover a interação dentro da comunidade (por meio de fóruns, eventos e grupos de usuários). Incentivar os clientes a se conectar em torno de sua startup faz com que eles se sintam mais coesos como grupo e tenham ideias que talvez nunca passariam por sua cabeça. Jeff disse que o maior erro na criação do Stack Overflow foi não permitir a interação entre os membros desde o início.

> Quando me perguntam qual foi nossa maior falha na criação do Stack Overflow, fico feliz por não precisar ficar cheio de rodeios. Posso revelar, com honestidade e franqueza, um erro enorme, gritante, ridículo que cometi no primeiro dia do desenvolvimento do site: achei que não precisávamos de interação.
>
> Interação é o lugar para onde você vai a fim de discutir o lugar. Pare para pensar no significado disso. Interação é para pessoas que se importam tanto com a comunidade que estão dispostas a dar um passo a mais, a se reunir e dedicar boa parte de seu tempo a decidir como manter e administrar a comunidade. Em resumo, basicamente eu estava dizendo às pessoas que mais amavam o Stack Overflow: "Não me aborreçam e sumam da minha frente."

Membros de uma comunidade adoram saber o que outros participantes têm a dizer, mas também querem ouvir *sua* voz. Você precisa interagir com seus evangelistas e mostrar o valor que dá a eles.

Lá no começo do Reddit, qualquer pessoa que escrevesse sobre a rede recebia um e-mail de agradecimento de Alexis Ohanian, um dos fundadores. A esses usuários de primeira hora, Alexis também enviava camisetas, adesivos e outros brindes. Ele chegou até a promover uma série de happy hours para os "redditors" socializarem. Sempre com o Reddit pagando tudo.

Enviar e-mails e distribuir mimos é bacana, porém nada supera a interação pessoal. Afinal, é mais fácil você estabelecer uma relação duradoura com alguém quando estão rindo juntos, comendo juntos ou bebendo juntos. Nesse sentido, a criação de comunidades funciona muito bem com outros canais, como eventos offline e palestras, pois essas ocasiões são uma excelente oportunidade de clientes se conectarem com você e uns com os outros.

Um desafio na criação de comunidades é manter a qualidade à medida que a empresa escala. O significado de qualidade depende do serviço que a startup oferece. No caso do Yelp, pode ser a honestidade das avaliações; no da Wikipédia, a utilidade dos verbetes; no do Reddit, a relevância dos links e comentários.

A ideia do Stack Overflow era ser o melhor site de perguntas e respostas para programadores, uma comunidade que realmente ajudasse o programador a se aprimorar. Quando lançou o site, Jeff estabeleceu normas estritas (definidas com a comunidade) para que fossem aceitas somente perguntas práticas e que pudessem ser respondidas. Depois disso, subiu as normas na seção de FAQs do site.

Como as regras da comunidade eram bem visíveis, os próprios usuários monitoravam o site — e com mais afinco do que Jeff faria. Isso não só preservou a qualidade, como também manteve os membros da comunidade engajados e comprometidos com o futuro do Stack Overflow.

Todos com os quais falamos sobre esse canal de tração ressaltaram a importância de preservar a qualidade da comunidade. A Wikipédia tem normas rígidas para tudo: do tipo de verbete que entra na enciclopédia à maneira como conflitos de interesses devem ser tratados. A

Startup Digest deu ênfase ao conteúdo escolhido por membros da comunidade em cada cidade em que está presente. A Quibb só admite em sua rede quem ela convida — e que, a seu ver, dará uma contribuição positiva para a comunidade. Assim como o Stack Overflow, o Reddit criou um sistema de avaliação (um "karma system") com base em votos para determinar quais links e comentários receberão mais destaque.

Infelizmente, é muito comum a comunidade ir perdendo qualidade com o tempo, à medida que evangelistas vão saindo ou que a voz deles é abafada por novos membros. Isso faz com que mais pessoas boas abandonem a comunidade, criando uma espiral descendente da qual muitas não se recuperam. Para evitar esse ciclo nefasto, é importante enfatizar a qualidade logo no início e estabelecer critérios que possam ser mantidos conforme a comunidade cresce.

Quando a qualidade permanece elevada, a comunidade pode se tornar um ativo essencial para a organização que a administra. Peguemos a Wikipédia como exemplo: seu objetivo é reunir todo o conhecimento do mundo em um só lugar. Para atingir essa meta, o site criou o maior grupo de colaboradores e editores de informações já reunido.

Outras startups, como o Yelp e a Codecademy, criaram um núcleo de usuários para conseguir atingir suas metas. O Yelp não seria nada sem a avaliação de restaurantes que seus usuários fazem; muitas das aulas de programação da Codecademy também são elaboradas por usuários. Os dois sites foram atrás de quem compartilhasse de sua visão (no caso do Yelp, ajudar as pessoas a conhecer melhor o lugar onde moram; no da Codecademy, ensinar o mundo a programar) e usaram esses usuários para tornar essa visão realidade.

Os clientes também podem colaborar no desenvolvimento do produto propriamente dito. Uma comunidade dessas não só contribui para melhorar o produto, como também vai amar a empresa por ter a oportunidade de ajudá-la.

No caso de empresas de software, o código é o produto. Algumas abrem o código, que fica disponível para quem quiser usar, modificar ou melhorar. Tom Preston-Werner, fundador do popular site de hospedagem de códigos GitHub, observa que o código aberto gera publicidade gratuita e simpatia pela empresa. O GitHub é adorado pelos programadores porque pode ser usado sem nenhum custo por qualquer pessoa que esteja trabalhando em um projeto de código aberto. Daí veio muito de seu crescimento desde o começo: quando um desenvolvedor queria trabalhar em um projeto paralelo, o GitHub era o primeiro lugar que vinha a sua mente.

A comunidade também serve para preencher vagas. Todo mundo que trabalha no DuckDuckGo, a startup de Gabriel, começou participando da comunidade do buscador.

Um trabalhador que vem da comunidade já comprou sua visão. É uma pessoa que vale a pena ter na equipe, pois, além de acreditar na missão, ao participar da comunidade, ela já tomou a iniciativa de ajudar a empresa a alcançá-la.

Chris McCann, da *Startup Digest,* falou sobre o tipo de empresa que sai ganhando com a criação de uma comunidade:

> Acho que criar uma comunidade pode ser sua fonte de tração. Não é algo menor: ela pode, por si só, chegar a proporções absurdas. Entretanto, há produtos e serviços que definitivamente não combinam com uma comunidade. Se eu estivesse fazendo algo ligado a publicidade e a retargeting, talvez fosse difícil criar uma comunidade em torno disso.
>
> No entanto, certas empresas se prestam muito bem à atividade de comunidades. Aquelas cuja função primordial é conectar pessoas estão em condições ideais de ganhar com uma comunidade. Seja algo ligado a feiras, a investimentos, ao que for, quando o valor subjacente de uma empresa é colocar pessoas em contato e quando as pessoas são importantes para o sistema, é aí que uma comunidade pode decolar.

Metas

- **Cultive e empodere os evangelistas.** Promova o contato entre eles e entre membros da comunidade de modo geral.

- **Adote padrões elevados desde o começo.** Enfatize a qualidade da comunidade logo de início e estabeleça normas estritas para que sejam seguidas à medida que a comunidade cresce. É possível adotar ferramentas e processos para que a própria comunidade se policie.

- **Aproveite a força de um público que já existe.** Para encontrar seus primeiros evangelistas, anuncie sua missão a comunidades complementares na internet e em eventos offline.

AGRADECIMENTOS

Antes de mais nada, queremos agradecer a todos aqueles que compartilharam histórias e dicas sobre o tema da tração conosco. Sem vocês, este livro não seria possível:

Jimmy Wales, cofundador da Wikipédia

Alexis Ohanian, cofundador do Reddit

Eric Ries, autor de *A startup enxuta*

Rand Fishkin, fundador da Moz

Noah Kagan, fundador da AppSumo

Patrick McKenzie, CEO da Bingo Card Creator

Sam Yagan, cofundador do OkCupid

Andrew Chen, investidor na 500 Startups

Dharmesh Shah, fundador da HubSpot

Justin Kan, fundador da Justin.tv

Mark Cramer, CEO da Surf Canyon

Colin Nederkoorn, CEO da Customer.io

Jason Cohen, fundador da WP Engine

Chris Fralic, sócio da First Round Capital

Paul English, CEO do Kayak

Rob Walling, fundador da MicroConf

Brian Riley, cofundador da SureStop

Steve Welch, cofundador da Dreamlt

Jason Kincaid, blogueiro do *TechCrunch*

Nikhil Sethi, fundador da Adaptly

Rick Perreault, CEO do Unbounce

Alex Pachikov, um dos criadores do Evernote

David Skok, sócio da Matrix

Ashish Kundra, CEO da myZamana

David Hauser, fundador da Grasshopper

Matt Monahan, CEO da Inflection

Jeff Atwood, cofundador da Discourse

Dan Martell, CEO da Clarity

Chris McCann, fundador da *Startup Digest*

Ryan Holiday, executivo da American Apparel

Todd Vollmer, veterano de vendas a empresas

Sandi MacPherson, fundadora da Quibb

Andrew Warner, fundador da Mixergy

Sean Murphy, fundador da SKMurphy

Satish Dharmaraj, sócio da Redpoint Ventures

Garry Tan, sócio da Y Combinator

Steve Barsh, ex-CEO da PackLate

Michael Bodekaer, cofundador da Smartlaunch

Cada um de vocês teve um papel crucial para que este livro nascesse e se convertesse em um recurso útil. Pedimos desculpas se deixamos alguém de fora.

Também somos muitos gratos a nossos primeiros leitores pelos comentários e críticas, bem como a Eric Nelson, Michael Zakhar e Brian

Spadora pela ajuda na edição, a Eve Weinberg pela capa inicial e a Chris Morast e Doug Brown pela produção gráfica do site e do livro.

A Andrew Warner, da Mixergy: as apresentações que você fez e sua contribuição durante todo o processo ditaram o tom do livro e nos deram um empurrão e um plano lá no início, quando começávamos a encarar o projeto.

A todos os fundadores de startups, investidores e autores de blogs, recursos e outras informações que usamos neste livro, nossos agradecimentos. Esperamos que este livro possa ajudar nossos leitores assim como seus subsídios nos ajudaram.

Eu, Justin, sou grato a meus pais, Kim e Peter Mares, pelo apoio e carinho durante todo o processo. Sem vocês, este livro não seria realidade.

E eu, Gabriel, agradeço a minha mulher, Lauren, e aos super-heróis que são meus filhos, Eli e Ryan.

Se você achar este livro útil, divulgue. Conte aos amigos. Faça uma crítica na Amazon. Qualquer coisa já ajuda!

APÊNDICE: TESTES NO CÍRCULO DO MEIO

Veja a seguir sugestões de testes de tração básicos no círculo do meio do Bullseye para cada canal de tração, todos pensados para startups na fase I. Como já dissemos, testes nesse círculo e nessa fase devem custar no máximo US$1.000 e durar menos de um mês. É importante ter em mente que esses talvez não sejam os melhores testes para seu caso específico e que você pode ter ideias melhores à medida que for percorrendo o processo do Bullseye.

Divulgação em blogs. Tente convencer dez blogs de sua área de atuação a fazer uma avaliação de seu produto. Para facilitar a tarefa, ofereça-se para fazer uma demonstração (pessoalmente, se possível e viável). Uma opção para tornar a proposta ainda melhor é sugerir que o blog dê algum brinde ao público (descontos, camisetas etc.). Outra ideia é buscar blogs que ainda não ganham nada com publicidade e propor a publicação de um anúncio no espaço deles por um valor mensal.

Publicidade. Procure cinco jornalistas importantes na região e veja se eles gostariam de escrever algo sobre sua empresa. Como em geral já há algum interesse no âmbito local, aparecer nessa mídia é mais fácil. Se for preciso, vá pessoalmente explicar de que se trata seu produto. O contato desses profissionais pode estar no próprio site da publicação. Se não estiver, tente encontrá-los no Twitter ou em eventos que eles estejam cobrindo.

Relações públicas não convencionais. Crie um concurso em torno do produto. Pode ser algo simples (um prêmio em dinheiro para quem usá-lo da maneira mais original) ou complexo (um game envolvendo o produto). Para promover a competição, use tanto mídia paga (anúncios no Twitter, digamos) como espontânea (menção em meios de comunicação e em blogs, por exemplo). Outra ideia é soltar algum recurso, como um infográfico ou um vídeo, que possa viralizar entre seu público. Se estiver enfrentando um concorrente grande, já estabelecido, você pode explicar como esse rival deixa a desejar em algum aspecto e como sua solução é muito melhor nesse quesito.

Search Engine Marketing (SEM) ou marketing em buscadores. Ponha quatro anúncios no Bing Ads (em geral, de custo mais baixo do que no Google AdWords). Esses anúncios devem ser vinculados a palavras-chave que, a seu ver, converterão clientes de longo prazo. Use termos que você acredita que darão resultado, ainda que sejam relativamente mais caros, para descobrir se o SEM funcionará no melhor dos cenários de conversão. Antes de ativar cada anúncio, veja se tudo foi configurado adequadamente para detectar conversões de verdade (e não só cliques em seu site). Se não for possível automatizar isso, pergunte aos novos clientes como eles descobriram sua empresa (se necessário, manualmente).

Social ads e display ads. Faça um teste com uma campanha no Facebook ou no Twitter. Use os recursos de segmentação de cada plataforma para mirar dois públicos que, em sua opinião, converteriam bem. Aqui, a ideia é ser bem específico. No Twitter, vincule os anúncios a identificadores com ligação direta com seu produto (líderes do setor, agregadores ou até concorrentes). No Facebook, foque grupos com interesses complementares. Se tiver o palpite de que o resultado seria melhor em determinado lugar — uma cidade específica, por exemplo —, restrinja os anúncios a essa área. Varie as imagens nos anúncios, pois o impacto de uma imagem nos resultados pode ser tremendo.

Anúncios offline. Anuncie em um podcast de nicho. Com esses anúncios, o host geralmente lê sua cópia diretamente para os ouvintes dele. Precisa ser um nicho, cujo público, em sua opinião, realmente gostaria de sua oferta, mas que, ao mesmo tempo, ainda seja pequeno o suficiente (visto que os anúncios de podcast podem ficar caros para públicos maiores). Alternativamente, veicule alguns anúncios em publicações locais.

Search Engine Optimization (SEO) ou otimização para buscadores. Para testar uma estratégia de SEO de cauda longa ("long tail"), crie páginas com farto conteúdo. Pode ser que essa informação seja gerada pelo próprio produto ou que venha de todo o estudo que você fez para criá-lo. Inclua o link para essas novas páginas diretamente na página inicial de seu site (no rodapé, por exemplo), pois com isso vão ranquear bem. Divulgue seu conteúdo entre pessoas relevantes e veja se vão compartilhá-lo com o link para a fonte original. Outra opção é testar uma estratégia de SEO com palavras-chave mais amplas ("fat head"), veiculando anúncios para termos promissores, a fim de ver se geram bom tráfego. É um teste básico bem parecido com o SEM, embora as palavras-chave possam ser diferentes.

Marketing de conteúdo. Crie um blog para sua empresa e, durante um mês, publique algo toda semana. Promova seus posts no Twitter e em sites de compartilhamento de links, como o Reddit. Se vir que o público e a conversão estão aumentando, intensifique a campanha e estenda-a por alguns meses. Ative o recurso de comentários no blog e interaja com o público. Trate de assuntos polêmicos ou inusitados, usando dados obtidos em primeira mão, se possível. Outra ideia é publicar guest posts em blogs de terceiros.

E-mail marketing. Faça contato com dez newsletters eletrônicas de sua área de atuação e anuncie em, pelo menos, duas delas — se for viável e valer a pena. Se uma newsletter não trabalha com anúncios, sugira patrociná-la por uma semana ou um mês.

Outra ideia é criar um curso breve em uma sequência de e-mails (sete, digamos) para ensinar algo que seja relevante para seu produto. Crie uma landing page para o curso e direcione o público para lá. No final, tente converter esses prospects em legítimos usuários do produto.

Marketing viral. Crie um loop viral para o produto e calcule o coeficiente viral e o tempo do ciclo viral. Identifique o elo mais fraco nesse circuito (porcentagem de sign-ups, número de convites, porcentagem de click-throughs). Faça cinco testes para melhorar esse passo do processo e veja qual o efeito no coeficiente viral. Se estiver perto de 0,5, a coisa promete.

Engenharia como marketing. Crie uma ferramenta simples, gratuita, que tenha alguma ligação com seu negócio — ainda que tangencial. Exemplo? Uma calculadora de alguma utilidade para potenciais clientes. O aplicativo deve ter o próprio domínio e um nome que naturalmente apareceria em buscas. Peça informações de contato de quem quiser usar a ferramenta. Mande um e-mail pessoal a qualquer um que usá-la para falar de seu principal produto.

Business Development (BD) ou desenvolvimento de negócios. Pense em três tipos de empresa que poderiam ser úteis em parcerias. Existe alguma empresa com um produto complementar ao seu, por exemplo? Concentre-se nas menores e faça contato com duas de cada categoria — seis, no total. Converse com todas que se mostrarem dispostas, para sondar o interesse. Tente fechar pelo menos um acordo.

Vendas. Monte uma lista com 20 clientes potenciais perto de você. Veja se alguém pode indicá-lo a alguém lá dentro para apresentar seu produto ao vivo e em cores. Use o método SPIN, apresentado no capítulo 18. Outra ideia é simplesmente mandar um e-mail a 100 potenciais clientes que, a seu ver, tenham alta probabilidade de se tornar clientes de verdade.

Programas de afiliados. Cadastre seu produto nas redes de afiliados mais relevantes em sua área de atuação (apresentamos uma lista no final do Capítulo 19). Recrute 20 afiliados com esse programa usando uma estrutura de pagamento simples e interessante. Entre em contato com cada afiliado para dar uma geral do produto, o que aumentará bastante a probabilidade de que alguns deles trabalhem para vendê-lo. Outra ideia é falar com clientes atuais que possam ter boas conexões com prospects e trazer esses clientes para a rede de afiliados.

Plataformas existentes. Descubra quais plataformas de nicho — as mais relevantes, claro — seu público mais usa (Craigslist, Tumblr etc.). Veja qual a melhor maneira de promover produtos na plataforma em questão e faça o mesmo. Se a plataforma permitir, realize testes com ferramentas pagas ou publicidade. Outra opção é criar uma extensão de navegador bem simples e ver se a ferramenta chama a atenção.

Feiras de negócios. Siga as orientações do Capítulo 21 para montar uma lista com todos os eventos obviamente relevantes no próximo ano, não se esquecendo de incluir os pequenos. Sonde a comunidade local de startups para ver se alguém já esteve em algum desses eventos. Participe do mais promissor deles (como expositor). Se preferir, vá antes a um evento maior na condição de visitante, para sondar o terreno.

Eventos offline. Organize uma miniconferência — coisa de um dia. Convide um punhado de gente competente, das redondezas, para falar no evento. Use as instalações de uma universidade e aproveite os recursos que a instituição possui (talvez um dos palestrantes tenha de ser um professor da casa). Outra ideia é patrocinar uma série de eventos locais e pedir a palavra logo na abertura para contar as últimas novidades sobre sua empresa.

Palestras. Contate os organizadores de três encontros locais relevantes para seu produto e diga que quer conversar sobre um evento que já está no calendário. Na hora de apresentar sua empresa, use como contexto sua trajetória pessoal. Como você chegou à posição em que está hoje? Como criou um produto para resolver um problema bem específico? Quais seus planos, sua ambição? Outra opção é se oferecer para dar uma palestra em um evento na região.

Criação de comunidades. Entre em três fóruns que seus clientes frequentam e faça alguma intervenção em pelo menos 20 tópicos de cada um deles — e isso durante um mês, para não parecer um robô. Não é bom sair vendendo seu produto diretamente; participe da comunidade como um membro útil, legítimo. Inclua referências a seu produto quando pertinente e em sua assinatura. Outra ideia é criar sua comunidade na internet.

ÍNDICE

A
acesso VIP, 47
ações de relações públicas não convencionais, 53
Adaptly, 83
Adblade, 82
add-on, 186
ad networks, 82
Advertising.com, 82
AdWords, 30
agente de mudança, 168
agregadores, 177
Airbrake, 85
Alexis Ohanian, 66
Alex Pachikov, 188
Andrew Chen, 32
anunciante, 71
anúncios em redes sociais, 30
anúncios offline, 22
aplicativos, 183–192
Appointment Reminder, 108
App Store, 184
AppSumo, 49
aquisição de usuários, 14
Ashish Kundra, 138
ativar o cliente, 123–124
atrair público, 198
avaliação, 185
awareness
consciência da marca, 59

B
Barry-Wehmiller, iv
base de clientes, 179
BillGuard, 125
Bingo Card Creator, 108
black hat, 111
Blendtec, 65
blogs, 45–52
divulgação, 45
bloqueio criativo, 116
bolsões virais, 140
Brad Feld, 194
brainstorming, 22
branding, 81
breakeven
ponto de equilíbrio, 38
Brenda Spoonemore, 159
Brian Riley, 193–200
brinde, 66
Bullseye, 21–28
buscador
browser, 103–112
busca paga, 71
buzz, 60
BuzzFeed, 88

C
cadeia da mídia, 55
calculadora, 143
call to action, 31
campanhas de conscientização, 95
canais de tração, 2
lista, 22
CareOne, 84
cartão de visita, 199
Charlie O'Donnell, 157
Chris Fralic, 147
ciclo de vendas, 201
cifras de tráfego, 47
click-through rate
CTR
taxa de cliques, 72
Clicky, 107
cliente
custo, 35
quantidade, 35
valor vitalício, 35
CNN, 54
Codecademy, 50
cold calling, 166
Colin Nederkoorn, 121
compartilhamento, 134
comportamento cíclico, 146
comprar links, 111
comunidades, 217–224
missão, 218
preservar a qualidade, 220
concurso, 67
conferências, 202
congressos, 202
conteúdo, 110
Conversant, 82
cost-per-point
CPP, 98
coworking, 211
Craigslist, 188
credibilidade, 211

crescimento, 38
  viral, 132–142
  coeficiente, 135
  matemática, 132
  tempo do ciclo, 135
Critical Path
  caminho crítico, 39–44
CTR
  taxa de cliques, 32
Customer.io, 121
custo por aquisição
  CPA, 72
custo por clique
  CPC, 72

D
Dailymotion, 49
Dan Martell, 209
David Hauser, 66–70
David Skok, 169
Delicious, 49
desenvolvimento de negócios, 153–162
  high-touch, 160
  low-touch, 160
Dharmesh Shah, 144
Digg, 50
disciplina, 155
display ads, 81–90
divulgação em blogs, 53
Dollar Shave Club, 65
DonorsChoose.org, 55
Dropbox, 12

E
early adopters
  adotantes iniciais, 18
efeitos de rede, 133
e-mail marketing, 122–130
  lista de prospects, 122
  provedor, 128
  receita, 126–127
empreendedores B2B, 168
engajamento, 113

engenharia como marketing
  engineering as marketing, 143–152
estratégia de canal, 29
  otimizar, 30
  queda, 32
estratégia de distribuição, 9
evangelista, 217
Evan Williams, 202
eventos
  locais, 211
  nobres, 210
  offline, 201–208
  pequenos, 209
  regionais, 211
Evernote, 188–191
exibir sua marca, 198
extensões de navegadores, 186

F
Facebook, 25
FarmVille, 33
fat head, 104–107
feedback real do mercado, 13
feira de negócios, 193–200
  destaque, 198
ferramentas online, 34–35
festa, 206
fluxo de onboarding, 140
fluxos de sign-up, 74
Followerwonk, 50
força de vendas, 10
Foursquare, 87
funil de vendas, 169

G
gancho, 57
golpe de publicidade, 63–66
Google, 71
Google Analytics, 107
Google's Display Network

Google Content Network, 82
Google Trends, 106
Grasshopper, 67
gray hat, 111
GRP
  Gross Ratings Points, 97
guest post, 117
Gumroad, 50

H
Hacker News, 50
Half.com, 64
Haro, 58
Hipmunk, 66
Hotmail, 133
HubSpot, 143–144

I
imprensa, 54
inbound marketing, 111
Inbound.org, 50
indicação, 127–128
indicadores de crescimento, 19
índice de qualidade, 77
indícios de sucesso, 20
Inflection, 72–74
infográfico, 116
infomercial, 99
infoprodutos, 177
iniciativas de marketing, 14
interação
  clientes, 27
  pessoal, 160
  público, 217
Internet Retailer, 158
investidor, 16–18
inviabilidade do negócio
  situações, 10

J
Jason Cohen, 42
Jason Kincaid, 56
JBoss, 172–174

John Raguin, 164
jornal, 94
    impresso e online, 54

K

kit de mídia, 91
Klout, 50
KPIs
    indicadores-chave, 155
Kris Jones, 175

L

landing pages, 31
Lean Startup, 27–28
Lifehacker, 55
LinkedIn, 86
links de alta qualidade, 104
links patrocinados, 71
listas de e-mail, 177
long tail, 104–109
    produção automatizada, 109
loops virais, 133

M

mala direta, 95
Maneesh Sethi, 179
manipular buscadores, 111
Marc Andreessen, 9
marketing
    conteúdo, 53
    pago, 12
    viral, 131–142
    estratégia, 132
Marketing Grader, 143
Mark Johnson, 184
Mark Suster, 170
Matthew Monahan, 72
Matt Rix, 184
meetup, 205
mercado de hospedagem, 145
mercado hipercompetitivo, 11
meta de tração, 14–16
    submeta de tração, 38

metas de crescimento, 19
método SPIN, 166
métrica, 159
microsites educacionais, 143
mídias tradicionais, 91–102
    impressa, 94
Mike Colella, 82
Mike Volpe, 111
mindset, 9–20
    consumidor, 92
minimizar gargalos, 172
monetizar, 184
Moz, 103
myZamana, 138

N

Naval Ravikant, 1
Neil Rackham, 164
Netscape, 153
networking, 204
Nikhil Sethi, 83
Noah Kagan, 26
noreply, 128
número de visualizações, 54

O

OkCupid, 115–116
Open Site Explorer, 110
Optimizely, 31
organizações sem fins lucrativos, 211
otimização, 30
    buscadores SEO, 71
otimizador de conversões, 79
outdoor, 96

P

pagamento por clique PPC, 71
palavra-chave, 74–78
    tags, 31

palavras-chave de cauda longa
    long tail keywords, 75
palestras, 209–216
    experiência, 211
parcerias, 153
    formatos, 154–158
passo intermediário
    marco, 39
Patrick McKenzie, 107
patrocínio direto, 47
Paul Graham, 1
pensamento estratégico, 155
perfil demográfico, 92
personalização, 78
Peter Thiel, 21
Phil Fernandez, 13
Phil Libin, 188
Pinterest, 88
pipeline de acordos, 157
pitch, 56
    almoço, 164
    venda, 145
pivotar, 18–20
planejador de palavras-chave, 105
Planscope, 125
plataformas, 183–192
porcentagem de conversão, 135
processo de desenvolvimento do produto, 11
Product Hunt, 50
product market fit, 15
produto, 110
programa
    afiliados, 175–182
    fidelidade, 176
    indicação, 13
promoção, 121
    aplicativo, 184
    cruzada, 185
    prazos bem-definidos, 95
proposta de valor, 159

prospect, 45
    pontos críticos, 164
publicações comerciais, 94
publicidade, 53–62
    buscadores, 71–80
    offline, 91–102
    social, 83
    veículos de comunicação tradicionais, 53–62

Q
Quora, 50

R
rádio, 98
Rand Fishkin, 103
ranking, 184
reconhecimento, 210
recursos limitados, 40
Reddit, 50
rede
    afiliados, 180–181
    nicho, 82
    social, 186–188
Rede de Display, 78
Rede de Pesquisa, 78
referral e-mail, 127
regra dos 50%, 10–13
relações públicas, 63–70
remarketing, 78
rentabilidade, 38
resposta
    direta, 81
    indireta, 83
    numérica, 35
retargeting, 127
revista, 94
Rick Perreault, 113
RJMetrics, 148
Robert Moore, 148
Ryan Holiday, 53

S
Sam Yagan, 114
Scribd, 88

Sean Ellis, 34
Sean Murphy, 163
Search Engine Marketing
    estratégia, 74–78
    SEM, 71–80
Search Engine Optimization
    SEO, 103–112
semeadura
    seeding, 140
senso de urgência, 136
SEO, xiii
Shitty Click-Throughs, 32
simplificar, 136
sistema de avaliação, 221
sistema eficaz de controle e avaliação, 34
sites de cupons/promoções, 176
sites verticais, 177
SlideShare, 88
Snuggie, 100
social ads, 81–90
Social Mention, 50
startup, 2
StumbleUpon, 87
SXSW, 203

T
taxa de ativação, 123
taxas de conversão, 47
TechCrunch, 54
tema, 211
termos do acordo, 160
teste A/B, 31
    grupo de controle, 31
    grupo de teste, 31
testes, 29–36
    ganhar tração, 11
    pequena escala, 23
    pouco investimento, 22–23
    qualidade, 34
texto, 31
The Huffington Post, 54
The New York Times, 54

Tim Ferriss, 93
timing, 211
Today Show, 54
Todd Vollmer, 166
trabalhar o principal canal, 24
Trainyard, 184
Tribal Fusion, 82
Tumblr, 88
TV, 98
Twitter, 50

U
Unbounce, 114–115
upselling, 126

V
valorizar o cliente, 64–69
veículo de imprensa, 54
veículos setoriais, 94
vendas, 163–174
    informar, 170
    mirar, 170
    perguntas, 165
    tática, 164–168
Vimeo, 49
viralidade, 133
    colaborativa, 134
Visual Website Optimizer, 31

W
webinar, 171
WePay, 65
white hat, 111
widgets, 110
WP Engine, 126

Y
YouTube, 49

Z
Zack Linford, 149
Zappos, 68